인생을
어떻게 살 것인가

인생을 어떻게 살 것인가

1판 1쇄 인쇄│2014년 1월 17일
1판 1쇄 발행│2014년 1월 29일

지은이│발타자르 그라시안
옮긴이│두행숙
펴낸이│이상배
펴낸곳│좋은꿈
기획 · 마케팅│이주항
책임편집│김수연

등록│2005년 7월 28일(제396-2005-000060)
주소│경기도 고양시 일산동구 경의로 19(백석동)
　　　현대밀라트 1차 C동 1411호 (우)410-908
전화│031-903-7684│팩스│031-813-7683
전자우편│leebook77@hanmail.net

ⓒ 두행숙, 좋은꿈 2014
ISBN 979-11-950231-3-4　13160

※좋은꿈 - 제2권│2014 - 2권

인생을
어떻게 살 것인가

발타자르 그라시안 지음
쇼펜하우어 편
두행숙 옮김

좋은꿈

지혜는 영원하다

　이 지혜서의 저자인 발타자르 그라시안(Balthasar Gracian Y Morales)은 누구일까? 오늘날 남아 있는 그의 초상화에서 는 그의 조용하고 슬픈 외모만을 약간 엿볼 수 있다. 1601년에 출생하여 1658년에 사망한 에스파냐의 작가이자 철학자인 그 는 1619년부터 제수이트 교단에 들어가 수도사가 되었다. 그 후 여러 수도원 학교의 교사로 전전하였다. 그는 또 군목사가 되어 능변으로 군인들에게 용기를 가르쳤으므로 그들 사이에 서는 '승리의 대부'라는 칭호를 받기도 했다. 한때는 마드리 드 궁정에 나아가 귀족들에게 철학을 강의하고 설교도 했다.

　그가 남긴 저서들 가운데 보존된 것은 대개 그의 친구이 자 고고학자이며 문학애호가인 후안 데 라스타노사(Juan de Lastanosa)에 의해 출판되었다. 그러나 저자의 이름은 발타자 르 그라시안이 아니라 그의 동생인 로렌초 그라시안으로 되어 있었다. 그가 자신을 이처럼 감춘 이유는 제수이트 교단의 수 도사였던 그가 교단 내의 상관들에게 간섭과 비난을 받지 않고 책을 펴내고 싶어서였을 거라고 추측된다.

여기에 번역된 그의 저서 《인생을 어떻게 살 것인가》는 원제목이 《Oráculo manual y Arte de prudencia》로 1647년에 처음 출간되었으며, 그 후 여러 나라 말로 번역이 되면서 그의 저서들 가운데서 가장 유명한 것이 되었다.

그라시안은 사람을 대단한 존재로 보지 않았다. 당시 영광이 사라져가던 에스파냐 제국의 한 시민으로서 환멸과 비애를 느끼고 있었던 그는 그 시대의 산물로서 약점을 지닌 인간을 너무도 잘 알고 있었다. 그는 이기적이고 허영심에 차 있으며 변덕스럽고 사악한 인간이라는 피조물과 어떻게 교제를 해야 할지, 그의 냉철한 사유를 통해 아무런 꾸밈없이 충고를 던지고 있다. 이 지혜의 책 속에서 저자는 오로지 인간의 현명하고 냉철한 이성에게만 호소하고 있다. 그래서 그의 교훈은 말한다.

"현명하라. 지혜를 갖추고 필요할 때 고상함을 보여라. 그러면 너에게 모든 성공이 주어질 것이다. 그리고 너는 완전한 인간으로 평가되어질 것이다."

　인생의 지혜에 관한 교훈은 일상생활에도 적용되어야 한다. 따라서 이 교훈서에서 많은 일상적인 일들을 발견해도 독자들은 이상해 할 것이 없다. 그라시안의 경구들은 그의 대가적인 풍부한 정신력, 사고력, 위트, 서슴치 않고 내 뱉는 패러독스, 신랄한 재치, 빛나는 언어, 통찰에서 우러나온 인간에 대한 경멸로 가득 차 있다. 현대를 사는 우리에게 너무나도 가까운 인간의 모습이다.
　이 지혜서 속에 감춰진 번쩍이는 언어, 인간 경멸, 인생의 쓰라림은 이 에스파냐 작가와 비슷한 생각을 지녔던 독일의 철학자 쇼펜하우어에게도 감명을 주어 그는 1862년에 이 책을 독일어로 번역하였고, 그의 탁월한 번역본은 독일에서도 그라시안의 열풍을 일으켰다. 옮긴이는 이 책을 쇼펜하우어의 독일어 번역본을 참고하여 번역하였다. 독일 철학자의 눈을 통해서 본 그라시안의 이 책은 또 다른 분위기를 풍겨준다. 에스파냐적인 햇살과 독일적인 우울함이 혼합된 결정체라고 할까. 이 지혜서에는 우리 각자의 인생과 다른 사람들의 인생을 객관적으로 바라보고, 인생을 좌우하는 것들을 받아들여 더불어 살아가도록 하는 모든 중요한 생각들이 담겨져 있다. 그것들은 우리의 영혼을 울리는 황금과 같은 말들이며, 우리가 삶을 성찰하고 삶 속에서 우리 자신을 돌아보고 개선하기 위해서, 그리고 남을 이해하고 사랑하기 위해서 필요한 교훈들이다.

우리 모두의 앞에는 여전히 인생이 기다리고 있다. 우리는 살아가는 동안 인생을 매순간 다시 발견해야 한다. 그래야 진정으로 소중한 삶이 무엇인지 알게 되고, 나와 더불어 남을 이해하고 사랑하고 함께 살아갈 수 있기 때문이다. 인생이 존재하는 한 지혜는 영원하다.

2014년 1월 옮긴이

두행숙

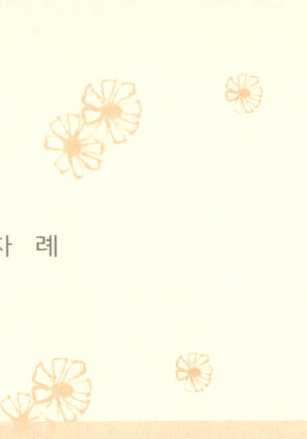

차 례

우리 모두의 앞에는 여전히 인생이
기다리고 있다. 우리는 살아가는
동안 인생을 매순간 다시 발견해야 한다.
그래야 진정으로 소중한 삶이 무엇인지
알게 되고, 나와 더불어 남을 이해하고
사랑하고 함께 살아갈 수 있기 때문이다.
인생이 존재하는 한 지혜는 영원하다.

마음은 가장 가까이 있는 진실한 예언자이다.
많은 사람들은 자신의 마음에 귀 기울이기를
두려워했기 때문에 파멸했다.
두려움은 도움이 안 된다.
사람은 천성적으로 참되고 성실한 마음을 갖고
태어났다. 마음은 불행이 다가올 때면 예방하라고
그들을 경고하고 때린다. 확고한 마음은 불행을
이길 수 있는 최고의 무기다.

1

인생을 멈춰야 할 곳에서 시작하지 마라

많은 사람들은 처음에 휴식을 취하고 노력을 마지막으로 미룬다. 그렇게 해서 그들은 결코 일을 완성하지 못한다. 중요한 일을 처음에 하고 그리고 나서 여지가 있으면 나중에 부수적인 일을 해야 한다. 어떤 사람들은 싸우기도 전에 승리하려 든다. 또 어떤 사람들은 별로 중요하지 않은 일을 먼저 배우기 시작하고, 영예롭고 유익한 것을 배우는 일은 인생의 마지막으로 미룬다. 어떤 사람은 집을 먼저 짓고 초석은 나중에 놓으려 한다. 어떤 사람은 행운이 막 자리를 뜨려고 할 때 그것을 붙잡으려고 허둥댄다. 인생의 목표를 늘 눈앞에 두라. 그리고 마지막에 가서가 아니라 적당한 때에 첫발을 내딛어 그 목표를 붙들어라. 인생을 배우고 사는 데도 방법이 필요하다.

2
백 번 맞히기보다 한 번 틀리지 않도록 하라

찬란히 비치는 태양은 아무도 똑바로 쳐다보려 하지 않으나 지는 해는 모두가 오랫동안 보며 즐기려 한다. 세상 사람들의 비열한 평판은 그대의 성공을 칭송하지 않고 그대의 과실을 험담하려고 한다. 험담은 좋은 일에 대한 평판보다 나쁜 일에 대한 소문을 더 빨리, 더 멀리 퍼뜨린다. 많은 사람들은 세상을 다 살고 떠날 때까지도 이를 깨닫지 못한다. 한 사람이 평생 이룩해 얻는 모든 업적을 합쳐도 작은 오점 하나를 지우기에는 충분하지 못하다. 그러니 오류를 범하지 않도록 하라. 사람들에게 잘못은 좋은 일보다 더 많은 주의를 불러일으키고 더 오래 그들의 기억 속에 남는다. 또 잘못을 통해 오명을 남기기가 업적을 통해 명성을 얻기보다 더 쉬운 일이다.

3
매사에 늘 여분을 저장하라

그래야 그대의 지위를 안전하게 지킬 수 있다. 자신의 능력
과 힘을 한 번의 기회에 다 사용해서는 안 된다. 한 바구니
에 계란을 모두 넣고 한 번에 힘을 가해 뒤흔들지 마라. 지
식도 마찬가지로 항상 배후에 다른 지식을 저장해 두어야
한다. 어떤 나쁜 결과가 닥칠 위험이 있을 때 배후에 빠져
나갈 무엇을 지녀야 한다. 구원병은 공격병보다 더 많은 일
을 한다. 예상치 않았던 등장으로 사람들에게 신뢰와 굳건
함을 보여 주기 때문에. 그대가 가진 것을 사용할 때는 신
중을 기하라. 절반의 힘만을 사용하면 비록 패배하더라도
모든 것을 잃지는 않는다. 그래서 '절반이 전부보다 낫다'는
역설적인 인생의 지혜가 통하는 법이다.

4
성실한 경쟁자가 되라

전투를 하더라도 독화살을 쓰면 안 된다. 분별 있는 사람은
적수가 되더라도 비열한 적수가 되지는 않는다. 누구나 자
기 있는 그대로 행동해야지 남들이 원하는 대로 행동하면
안 된다. 적과 싸울 때도 아량 있는 사람이 갈채를 받는다.
더 큰 힘만 갖고 싸울 것이 아니라 싸우는 법을 알고 승리
하기 위해 싸워라. 비열한 승리는 영예가 아니라 패배이다.
성실한 사람은 절대 감춰진 무기를 쓰지 않는다.

5
통찰력을 가져라
아니면 그것을 가진 자에게 귀 기울여라

자신의 지혜든 남의 지혜든 지혜의 도움 없이는 살 수 없다. 많은 사람들은 자신의 무지를 알지 못한다. 어떤 사람들은 자기들이 안다고 믿지만 사실은 알지 못한다. 허약한 두뇌는 고칠 약이 없다. 무지한 사람들은 스스로 모르므로 자기들에게 모자라는 것을 찾지도 않는다. 하지만 어떤 사람들은 스스로 알고 있다고 믿지 않기 때문에 현명하다. 그래서 지혜로운 예언자들은 본래 그 수도 적지만 하릴없이 살고 있다. 아무도 그들에게 조언을 구하러 오지 않으니까. 남의 충고를 구한다고 자신의 위대함이 줄어들지는 않는다. 오히려 충고를 잘 들을 때 스스로 그것을 이용할 능력이 있음을 증명하게 된다. 타인의 지혜와 충고를 구하는 사람은 불행이 다가와도 쉽게 놀라지 않는다.

6
자기 마음을 믿어라

특히 그 능력이 확인되었을 때는. 마음의 소리를 경청하라.
마음은 때로 무엇이 가장 중요한지를 사전에 알려 준다. 마
음은 가장 가까이 있는 진실한 예언자이다. 많은 사람들은
자신의 마음에 귀 기울이기를 두려워했기 때문에 파멸했
다. 두려움은 도움이 안 된다. 구제책을 강구해야 한다. 사
람은 천성적으로 참되고 성실한 마음을 갖고 태어났다. 마
음은 불행이 다가올 때면 예방하라고 그들을 경고하고 때
린다. 불행을 무릅쓰고 나아가는 것은 지혜가 아니다. 불행
을 극복하려 할 때면 몰라도. 확고한 마음은 불행을 이길
수 있는 최고의 무기다.

7
너무 확신하지 마라

자기의 의견을 너무 고집하지 마라. 어리석은 자는 무언가를 확신하고 있으며, 무엇을 지나치게 확신하는 자는 다 우둔하다. 겉보기에 자신의 판단이 확실하더라도 양보하는 것이 더 유익할 때가 있다. 그대가 왜 옳은지 어차피 모든 사람들이 알고 있어서 그대가 양보해도 얻는 손해가 미미하다면 경쟁자를 향해 아량을 베푸는 것도 괜찮은 방법이다. 양보해서 얻는 것이 고집 부려서 얻는 것보다 더 낫다. 확신하더라도 사람은 완고한 주장으로는 승리하기보다 잃는 경우가 더 많다.

8
모든 소망을 다 충족시키지는 마라

뭔가 아쉬움을 남겨라. 모든 소망을 다 충족시켜 완전히 행복해지면 그 안에서 불행해지기 쉬우므로. 육체는 끊임없이 숨을 쉬고 정신도 끊임없이 노력해야 한다. 모든 것을 다 가지면 만족감은 곧 허탈함이 되고 이어서 실망이 온다. 우리의 오성에는 뭔가 알고 싶은 것이 남아 있어야 한다. 그래야 호기심이 일고 희망이 되살아날 수 있다. 넘치는 행복은 사람에게 치명적인 것이다. 남을 도울 때도 완전한 만족을 주지 않는 것이 수완이다. 사람은 살면서 더 이상 원하는 게 없으면 그때부터 두려워진다. 가진 것을 잃을까 봐 두려워지는 것과 같다. 이런 행복이야말로 얼마나 불행한 것인가! 소망이 그치는 곳에서 바로 두려움이 시작된다.

9
행복할 때 불행을 생각하라

행복할 때는 타인의 호의를 쉽게 살 수 있고 우정도 도처에 넘친다. 겨울의 식량을 풍성한 여름에 저장하는 것은 지혜롭고 힘도 적게 든다. 행복할 때 불행할 때를 위해 저장하는 것이 좋다. 그때를 위해 지금 친구를 만들고 사람들에게 은혜를 베풀어라. 지금은 높이 평가되지 않는 것이 언젠가는 귀하게 여겨지리라. 어리석은 사람은 행복할 때 친구를 두지 않는다. 지혜로운 자는 아무리 하찮은 친구라도 경멸하지 않고 관계를 유지한다. 지금 그대가 행복할 때 친구를 모르면, 불행할 때 친구가 그대를 알지 못한다.

10
쉬운 일은 어려운 일처럼
어려운 일은 쉬운 일처럼 하라

전자는 자부심이 우리를 나태하게 만드는 것을 막아 주고,
후자는 소심함이 우리의 용기를 뺏고 주저하게 하는 것을
막아 준다. 어떤 일을 이미 끝낸 듯이 바라보면 그 일은 결
코 완성되지 않는다. 반대로 어떤 일을 완수하기 위해 열성
과 노력, 독창성으로 밀고 나가면 불가능한 일도 가능해진
다. 큰 임무를 맡았을 때 지나치게 골똘히 생각하지도 두려
워하지도 마라. 소박한 마음으로 그 일에 매달려 시작하라.
미리 어려움을 보고 그 때문에 그대의 행동력이 마비되지
않도록 하기 위해서.

11
생각하라, 그것도 가장 중요한 일을

우둔한 사람들은 생각하지 않기 때문에 파멸하고 슬픔에 젖는다. 그들은 사물 속에 있는 본질을 절반도 보지 못한다. 게다가 그들의 노력은 미미해서 자신에게 오는 피해나 이로운 점까지도 이해하지 못하기 때문에, 대수롭지 않은 일에 큰 가치를 두고 중요한 일을 경시한다. 매사를 거꾸로 생각하고 헛되이 저울질을 한다. 많은 사람들은 애당초 분별이 없으므로 새삼 분별을 잃을 염려도 없다. 그러나 현명한 자는 매사에 차이를 두고 생각해 본다. 귀한 것을 발견할 전망이 있으면 더욱 몰두한다. 때로는 처음 자기가 생각한 것보다 더 많은 것이 있으리라 믿고 깊은 곳으로 파고 내려간다. 그런 숙고를 통해 처음에 감지한 것을 나중에 파악하게 된다. 진정으로 그대에게 중요해 보이는 것을 가장 많이 생각하라.

12
시작할 때 끝을 생각하라

환호의 문을 지나 행운의 신전으로 들어서면 통탄의 문을 지나 다시 나오게 될지도 모른다. 그 반대의 경우도 마찬가지이다. 그러니 끝을 생각하고, 들어설 때의 갈채보다 행복하게 나올 것을 생각하라. 보통 행복하게 시작한 사람의 운명은 끝이 불행하다. 들어설 때 받은 일반적인 갈채는 대단한 것이 아니다. 그것은 누구나 받을 수 있다. 물러나올 때 받는 갈채야말로 대단한 것이다. 왜냐하면 무엇이 다시 열망된다는 것은 드문 일이며, 행운이 문지방까지 따라가 배웅하는 자의 수는 얼마 안 되기 때문이다. 등장하는 자는 정중한 대접을 받으나 퇴장하는 자는 경멸당하기 쉽다.

13
불행한 때를 알고
행운의 시간을 조용히 기다려라

불행한 때는 언제나 다시 오기 마련이다. 그때는 아무 일도 잘 되지 않고, 게임이 바뀌어도 재난은 계속된다. 매사가, 지혜조차도 그 바뀌어 오는 재앙 앞에는 무릎을 꿇고 만다. 그리고 아무도 언제나 지혜롭지는 않다. 마치 편지를 잘 쓰는 일에도 그렇듯 옳게 생각하는 일에도 행운이 따라야 한다. 모든 일의 완성은 시간의 주기에 달렸다. 아름다움도 영원히 지속되지는 않는다. 일이 잘되려면 그 스스로 때가 되어야 한다. 그래서 매사가 잘 안 되는 사람들이 있고, 조금만 힘을 써도 모든 것이 잘되는 사람들이 있다. 이들의 앞에는 이미 모든 것이 준비되어 있다. 정신은 집중되어 있고 기분은 최고이고 행운의 별은 빛나고 있다. 그런 때가 오면 아무리 작은 기회라도 감지하여 이를 절대로 놓쳐서는 안 된다.

14

매사에 있어 곧바로 최선의 것을 취하라

이는 좋은 판단력과 올바른 취향이 얻을 수 있는 행운이다. 꿀벌은 꿀을 모으기 위해 단것으로 달려들고, 뱀은 독을 모으기 위해 쓴 것으로 달려든다. 어떤 사람들의 취향은 바로 좋은 쪽으로, 어떤 사람들의 취향은 바로 나쁜 쪽으로 향한다. 매사에는 나름대로 뭔가 좋은 점이 있다. 특히 생각의 산물인 책은 더욱 그렇다. 많은 사람들은 늘 불행한 생각만을 갖고 있어 천 가지 완벽함 속에서도 단 한 가지의 과오가 있으면 이를 끄집어내어 질책하며 말을 많이 하고, 다른 사람들의 성찰과 의지가 폐기한 것들을 열심히 수집한다. 그들은 남들의 과오를 기록하며 줄곧 쓴 것을 씹고, 불완전한 것을 인생의 양식으로 삼으며 슬픈 인생을 보낸다. 현명한 사람은 천 가지 결점 속에서 단 한 가지 장점을 보면 곧바로 이를 취하여 이용하고 즐긴다.

15
아픈 손가락을 보이지 마라

그러면 모두가 그것을 찌를 것이다. 아픈 것을 하소연하지 마라. 악은 늘 약점이 있는 곳을 노리니까. 그대의 약한 곳을 보이면 타인의 기분만 돋워 줄 뿐 아무 쓸모가 없다. 남의 불행을 기뻐하는 악의는 남의 아픈 곳을 찾아내 그 상처를 덧내려고 수천 번 시도할 것이다. 그러니 신중한 사람은 결코 자기의 상처 입은 것을 말하지 않고 개인적 불행을 드러내지 않는다. 때로는 믿었던 운명조차도 그대의 가장 아픈 곳을 계속해서 찌르기를 좋아한다. 그러므로 아픔도 기쁨도 함부로 드러내지 마라. 전자는 끝나도록, 후자는 지속되도록 하기 위해서.

16
오늘에 벌써 내일을, 먼 훗날을 생각하라

미래를 근심하고 생각하는 데 시간을 할애하는 것이 최고의 선견(先見)이다. 신중한 자에게는 사고도 위험도 없다. 목이 늪 속으로 빠질 때까지 생각을 미루지 마라. 미리 생각하고 준비하면 불행이 닥쳐도 그 파급을 줄일 수 있다. 잠자리의 베개는 말없는 예언자다. 오늘 잠들기 전에 조금 생각해 두는 것이, 훗날 일이 잘못되었을 때 계속 악몽을 꾸는 것보다 낫다. 어떤 사람들은 먼저 행동하고 나중에 생각한다. 그러면 훗날 결과를 책임지기보다 결과에 대해 변명을 하느라 진땀을 흘리게 된다. 어떤 사람들은 먼저도 나중도 생각하지 않는다. 살아가는 것 자체가 생각의 연속이어야 한다. 올바른 길을 잃어버리지 않기 위해서 미리 생각하고 미리 계획하면 인생은 대체로 자기가 원하는 방향으로 흘러간다.

평가하고 칭찬할 줄 알아라

누구나 나름대로 어떤 일에서 타인의 스승이 될 수 있다. 아무도 넘볼 수 없을 만큼 탁월한 사람은 아무도 없다. 한 사람을 능가하는 사람을 또 능가하는 사람이 있는 법이다. 지혜로운 자는 모든 사람들을 칭찬할 줄 안다. 그는 각자의 좋은 점을 발견하고 그들의 장점을 평가한다. 어떤 것이 좋은지 알고, 그것을 이용하는 것이 얼마나 힘든 일인지 알기 때문이다. 어리석은 자는 사람들을 경시한다. 그는 좋은 것은 평가할 줄 모르고, 나쁜 것에는 실망을 겪었기 때문이다.

18
행복을 얻는 기술

행복을 얻는 데는 규칙이 있다. 지혜로운 사람에게는 어떤 것도 우연으로 일어나지 않는다. 행복은 노력으로 뒷받침될 수 있다. 어떤 사람들은 좋은 기분으로 행복의 여신의 문턱에 가서 문이 열리기를 기다리는 것으로 만족한다. 어떤 사람들은 좀 더 노력해 앞으로 나아가 자신들의 영리함과 대담성을 보여 준다. 그리하여 용기의 날개를 타고 행운의 여신 앞에 나아가 그녀의 은총을 얻어 온다. 그러나 미덕과 통찰력만큼 훌륭한 철학은 없다. 누구나 자기가 지혜로운 만큼 행복하고, 지혜롭지 못한 만큼 불행하니까.

19
결점을 갖지 마라

이는 완벽하기 위한 필수조건이다. 육체적으로나 정신적으로 조금도 잘못을 저지르지 않는 사람은 별로 없다. 사람들은 그런 결점들을 쉽게 치유할 수 있는데도 그것들을 열렬히 사랑한다. 우리의 명성을 해치는 결점도 마찬가지다. 적의를 지닌 타인은 우리의 훌륭한 성품에 붙어 있는 작은 티끌 하나도 재빨리 발견해 내고 좀처럼 잊지 않는다. 계속해서 그것을 지적할 것이다. 작은 구름 한 조각이 태양 전체를 가릴 수 있는 것이다. 그러나 그런 결점을 장식품으로 보이게 할 수 있다면, 이는 최고의 수완이다. 일찍이 카이사르는 자신의 타고난 결점을 월계관으로 덮을 줄 안 위인이었다.

20
상상력을 다스려라

때로는 견제하고 때로는 북돋우면서. 상상력은 우리의 행
복을 마음대로 조종할 수 있다. 우리의 이성조차 휘어잡을
수 있다. 상상력은 관망하는 것으로 만족하지 않고 폭군처
럼 권력을 휘두르기도 한다. 종종 우리의 인생에 깊이 파
고 들어와 마구 휘저으면서 심지어 우리 존재를 완전히 사
로잡는다. 어리석게 상상력에 빠지면 기쁨이나 슬픔 속으
로 내몰리기도 한다. 어떤 사람에게 상상력은 늘 고통만을
주며 우롱하고 그를 단두대에 세운다. 어떤 사람에게는 가
벼운 현기증을 일으키며 끝없는 도취와 행복의 환각 속에
빠지게 한다. 이 모두 자신을 신중히 통제하지 못할 때 생
기는 재앙이다.

21
행동하라, 그리고 그대의 행동을 보여 줘라

사물은 실제 모습보다 외양으로 평가받는다. 능력을 지니고 있으면서 그것을 밖으로 보일 줄 알면 그 가치는 곱절이 된다. 보이지 않는 것은 마치 없는 것과 같다. 정의는 그것이 정의로 보이지 않으면 제대로 존중되지 못한다. 겉모습으로 잘못 판단하는 사람들이 제대로 관찰하는 사람들보다 훨씬 수가 많다. 거짓이 횡행하고 사람들은 사물을 외양으로만 판단하지만 그런 외양과는 아주 다른 사물도 많다. 진정으로 내면의 완벽함을 알려 주는 최고의 보증인은 바로 훌륭한 외양이다. 겉으로 표현되는 그대의 진실한 행동이다.

22
필요할 때는 결심을 바꿔라

중대한 결심을 할 때는 잠을 깊이 자 두어라. 그러면 판단
이나 제안을 수정할 시간을 벌 수 있다. 결심이 확실히 서
지 않을 때는 마음속의 법정에 판단을 맡기고 기다리는 것
이 안전하다. 서둘러 결정한 것보다 확실하고 신중하게 결
정한 것의 가치가 더 크다. 가장 오래 기다린 것이 가장 칭
송을 받는다. 만약 타인에게 무엇을 거절하려면 언제 어떻
게 "아니오."라고 말할지 때가 무르익기를 기다려라. 상대
방이 그 말을 기분 좋게 들을 수 있도록. 빠른 결정에 대한
사람들의 압력이 클수록 결심을 늦추는 것이 좋다. 하지만
그것이 단지 사람들의 관심을 잠시 딴 데로 돌리려는 일시
적인 방패막이어서는 안 될 것이다.

23
작은 재앙이라도 결코 가볍게 보지 마라

행운이 올 때 혼자서 오지 않듯이 재앙도 결코 혼자서 오지만은 않는다. 행복과 불행은 꼭 동반자를 데려온다. 작은 재앙은 큰 재앙을 불러온다. 한 번 불행을 맞은 사람은 모든 것이 낭패에 빠진다. 그 자신도, 그의 말도, 그의 성공도. 그러니 불행이 잠자고 있을 때는 이를 깨우지 마라. 조금만 그 불행 속으로 빠져 들어가도 그 끝이 어딘지 알 수 없게 되고 만다. 한 번 행복이 오면 다른 행복이 줄을 잇듯이, 재앙도 한 번 오면 또 다른 재앙들이 함께 닥친다. 사람들은 행복한 자는 원하되 불행한 자는 피한다. 그러니 불행해지지 않기 위해서는 사소한 재앙도 미리 막아라. 그러나 재앙이 닥쳐도 살아남는 방법은 있다. 하늘이 우리에게 내려 준 일에는 인내를 갖고 기다리고, 지상에서 우리에게 일어나는 일에는 지혜를 갖고 대하는 방법이다.

24
일상적이 아닌 독창적인 생각

이를 표현하고 대중과 달리 말할 줄 아는 사람은 뛰어난 정
신을 지닌 사람이다. 우리에게 전혀 반박하지 않는 사람만
을 소중히 여겨서는 안 된다. 그런 사람은 우리를 사랑하는
것이 아니라 자신만을 사랑하기 때문이다. 남들의 아첨에
속지 마라. 그것은 우리에게 도움이 되기보다는 값비싼 대
가를 치르게 한다. 때로는 나의 탁월한 것을 질책하는 사람
들에게서 질책당하는 것을 영예로 생각하라. 특히 질책하
는 사람들이 대단치 않은 자들일수록 더 좋다. 반면에 우리
의 일이 모든 사람들의 마음에 든다면 이는 서글픈 일이다.
이는 그 일이 쓸모없다는 뜻이다. 정말 탁월하고 완전한 일
은 소수의 사람들에게만 맞는 것이기 때문이다.

25
변명할 필요가 없을 때 굳이 변명하지 마라

질문을 받을 때만 대답하라. 남들이 요구하지 않을 때 스스로 나서서 변명하는 것은 잠자고 있던 남의 불신을 깨우는 일이 된다. 건강한 몸에 약을 투여하면 병이 되듯이, 필요 없을 때 주는 것은 오히려 해가 된다. 절대 남들이 요구하는 것 이상으로 만족시키지 마라. 당면한 문제만을 해결하라. 현명한 사람은 남들이 자신을 의심하는 것을 눈치 채지 못한 척한다. 남들의 의심을 깨우는 것은 일부러 골칫거리를 찾아다니는 것과 같다. 구차한 변명보다는 자신의 올바른 행동으로 이를 다시 반증하라.

26
스스로 지는 해가 되기까지 기다리지 마라

지혜로운 자의 처세훈은 일이 자신을 떠나기 전에 스스로 먼저 일을 떠나는 것이다. 그는 자신이 떠나갈 때에도 찬란한 승리를 거머쥘 줄 안다. 태양도 빛이 찬란할 때 구름 뒤로 숨어 그 기우는 것을 보이지 않으면 태양이 기울었는지 아닌지를 사람들이 알지 못하는 것처럼. 조금만 불운의 기미가 보여도 이에서 벗어나라. 그것이 정말 현실로 나타났을 때 치욕을 면하고 사람들의 기억에 남기 위해서. 제때 떠나지 못했을 때 들이닥친 불행은 그대를 무덤으로 이끌 것이니, 느낌은 살아 있으나 명성은 죽은 채 남은 날들을 살게 될 것이므로.

미인은 거울이 자신의 추함을 알려 스스로 자기 기만에서 벗어나게 할 때까지 기다리지 않는다. 자신의 모습이 가장 아름다울 때 거울을 깨뜨린다.

27
외적인 것보다 내적인 것을 더 소중히 여겨라

완전한 것은 양에 있지 않고 질에 있다. 뛰어난 것은 언제나 드물고 귀하며, 넘치도록 흔한 것은 그 가치가 감소된다. 사람들 사이에서도 거인처럼 보이는 사람들은 대부분 진짜 난쟁이들이다. 어떤 사람들은 책의 가치를, 마치 두뇌의 훈련이 아닌 근육의 훈련을 위해서 쓰여진 것처럼 보이는 그 두께로만 평가한다. 외적인 크기만 주시하면 결코 평범함을 넘어설 수 없다. 평범한 사람들이 겪는 고뇌는, 그들이 도처에 있으려 하다 보니 사실은 어디에도 안주하지 못하는 데 있다. 반대로 특출한 것은 내적인 것에서 솟아난다. 그 본질이 고귀한 것이면 이는 족히 영웅적인 기상을 띤다.

28
정직한 사람이 되어라

정직한 사람은 항상 옳은 사람의 편에 선다. 일반 대중의 열정도 전제 군주의 무력함도 그로 하여금 결코 정의의 경계를 넘어서도록 강요하지 못한다. 그런데 도대체 누가 이 정의의 불사조인가? 정직을 칭찬하는 사람은 많지만 진정으로 그것을 추종하는 사람은 얼마 안 된다. 어떤 사람들은 위태로울 때까지 그것을 추종한다. 그러다가 위선자들에 의해 부인당하고 정치가들에 의해 배신당한다. 정직은 우정이든 권력이든 자신의 이익이든 고려하지 않기 때문이다.

29
거부하고 물러설 줄 알아라

남에게 거부할 줄 아는 것은 인생의 커다란 처세술이다. 보다 더 큰 처세술은 사업이나 인간관계에서 자신을 멀리할 줄 아는 것이다. 값비싼 시간을 좀먹는 낯설고 괴상한 일거리들과, 자신들의 관심사로 그대의 시간을 뺏으려는 사람들은 도처에 많다. 부당한 일에 말려들어 열중하는 것은 아무것도 안 하고 소일하는 것보다 더 나쁘다.

그대가 기꺼이 해 줄 수 없는 일에 대해 무조건 호의를 베풀지 마라. 한 번 다른 사람을 위해 일하게 되면 그대는 더 이상 자신의 것이 아니다. 그러므로 "아니다."라고 말할 수 있을 때 그대를 위한 시간을 얻게 될 것이다. 신중한 사람에게는 주제를 넘지 않는 것만으로는 부족하다. 다른 사람들이 부당한 일을 그대에게 강요하지 않도록 유의해야 한다.

30
자신에게서 어떤 능력이 특출한지를 알아라

자신에게서 가장 뛰어난 재능을 발견하면 온 힘을 다해 이를 가꾸고 육성하라. 누구나 자신의 가장 큰 장점을 알면 무엇인가에 특출한 사람이 될 수 있다. 어떤 사람은 이성이 특출하고 어떤 사람은 용기가 특출하다. 그러나 대부분 사람들은 자기의 타고난 재능을 아무렇게나 다루고, 남들이 그들에게 원하는 대로 따르다 그것을 빛내지 못한다. 자신이 잘못된 일을 하고 있다고 깨달았을 때는 이미 시간이 그대를 떠나간 후다. 누구나 자신의 작은 장점이라도 제때에 알고 키웠다면 무엇인가에 특출한 사람이 되었을 텐데.

31
승리했을 때 행운으로부터 떠나라

명성 있는 도박사들은 늘 그렇게 한다. 멋있는 후퇴는 용감한 공격과 똑같이 가치가 있으나, 대부분 사람들은 쉽게 떠나지 못한다. 자신의 승리가 충만해 있고 위대할 때 이를 안전하게 지키고 위험을 막아야 한다. 눈앞에 아직 더 많은 것이 놓여 있더라도 손을 떼어라. 오래 지속되는 행운은 언제나 의심스러운 법이다. 행운은 중단되었을 때 더 안전하고 그 맛도 더 달콤하다. 큰 행운의 은총은 언제나 짧게 지속된다. 행운의 여신은 같은 사람을 오랫동안 자신의 어깨 위에 짊어지는 데 싫증을 느끼므로, 누구나 조만간 행운으로부터 추락하게 된다.

32
사람들의 호의를 얻어라

사람들의 감탄을 얻는 것은 큰일이다. 사람들의 호의를 얻는 것은 더 큰일이다. 호의는 때로는 자연의 은총에 의지하나 사실은 노력에 더 의지한다. 자연이 초석을 놓으면 노력은 그 위에서 실행한다. 뛰어난 능력은 꼭 필요하지만 노력에는 미치지 못한다. 사람들의 호의를 얻는 것은 쉬운 일이다. 좋은 말을 하라. 사람들의 여론을 얻으면 사람들의 호감도 얻게 된다. 그러나 행동은 더 나아야 한다. 좋은 일을 하지 않고서 진정으로 남의 호의를 얻을 수는 없다. 두 손을 벌려 좋은 일을 하라. 사랑을 받고 싶으면 사랑하라. 정중한 예의는 위대한 사람들이 지닌 정치적 수완이다. 자신의 손을 먼저 성취할 일에 뻗치고, 그런 다음 펜에 뻗쳐라.

33
절대 과장하지 마라

중요한 대상에 대해 최상급을 써 가며 이야기하지 마라. 한 편으론 진리를 손상하지 않기 위해서이고, 다른 한편으론 우리의 판단력을 떨어뜨리지 않기 위해서이다. 칭찬은 호기심을 일으키고 욕구를 자극하나 보통 그렇듯이 나중에는 그 가치가 그 대가에 상응하지 못한다. 그때 기대에 실망한 사람은 자신의 헛된 기대를 만회하려고 유명한 사람과 그 사람에 대한 칭찬을 하찮은 것으로 여김으로써 복수를 한다. 특출한 일과 업적은 드물기 때문에 사람들은 그것을 보면 과장하고 싶어 한다. 그러나 과장은 거짓과 흡사해서 과장하는 사람은 물론 아첨을 받은 사람까지도 웃음거리로 만들고 만다. 과장을 통해서 사람은 좋은 취향을 가졌다는 평판을 잃기 쉽다.

34
소수처럼 생각하고 다수처럼 말하라

역류를 거슬러 헤엄치려 하다 보면 과오를 없애기는커녕 위험에 빠지기 쉽다. 그런 일을 감행할 수 있는 사람은 소크라테스 같은 소수의 인물들뿐이었다. 사람들은 누가 자기들의 의견에서 벗어나는 것을 모욕으로 간주한다. 왜냐하면 자기들의 판단이 비난받았다고 여기기 때문이다. 그 결과 비난받은 판단과 그것을 옹호하던 사람들을 위한 반격은 배로 이어질 것이다. 진리는 소수만을 위해 있으며, 기만은 비천할 만큼 어디에나 퍼져 있다. 시장에서 큰 소리로 떠드는 사람을 현자로 간주하지는 않는다. 그 사람은 자신의 내부에서는 아무리 거부하더라도, 겉으로는 자신의 목소리로 말하지 않고 일반 사람들의 우지(愚知)로 말하고 있기 때문이다.

35
위대한 인물들에게 공감하라

영웅들과 공감하는 것은 영웅들의 성품이다. 여기에 바로 자연의 기적이 있다. 그 속에는 비밀스러움뿐만 아니라 유용한 것도 있으므로. 공감은 마음과 기질을 서로 닮게 만든다. 그 효과는 무지한 대중이 마약에 끌리는 것만큼 크다. 공감을 얻으면 단지 존경을 받는 데 그치지 않고 호의와 애착까지 얻게 된다. 이는 말없이도 남을 설득하고 일한 대가 없이도 얻는 것과 같다. 공감은 때로는 소극적이고 때로는 적극적이다. 양쪽 다 그 적절한 양에 따라 그에 상응한 행복을 가져온다. 다른 사람을 인정하고 그의 재능을 구분하고, 그것에 공감하고 이용할 줄 아는 것은 위대한 기술이다.

36
혐오감과 편견을 자제하라

우리는 종종 다른 사람의 성품을 제대로 알기도 전에 그 사람을 싫어한다. 거기에는 정확한 이유가 없다. 이 타고난 반감은 때로는 아주 훌륭한 사람들에 대해서도 일어난다. 타인에 대한 반감은 그대 자신의 가치를 떨어뜨린다. 지혜로 이를 제재해야 한다. 왜냐하면 우리의 의중(意中)에서 우리보다 더 나은 것을 혐오하는 것보다 더 나쁜 의중은 없으니까. 어쩌면 그대는 원래 그대의 사랑을 받을 가치가 있는 사람을 혐오하고 있는 것은 아닌지 다시 한 번 냉철하게 생각해 보라.

37
명예의 결투를 삼가라

이는 가장 주의해야 할 일 중 하나이다. 뭔가 끝장을 내는 것은 종종 기대한 것보다 더 어려운 결과를 가져온다. 명예의 결투는 다른 더 나쁜 것을 초래할 수 있으며, 그때 그 명예는 쉽게 땅에 떨어져 손상될 수 있다. 자기가 타고난 성격이나 국민성 때문에 이런 종류의 의무를 쉽게 짊어지는 사람들이 종종 있다. 그러나 이성의 빛 속을 거니는 사람은 더 깊이 사물을 숙고하고 거리를 둔다. 그는 어떤 일에 끼어들어 승리하는 것보다 그 일에 끼어들지 않는 것에 더 큰 용기를 둔다. 어리석은 사람들이 아무리 부추겨도 다른 사람이 되고 싶지 않다는 변명을 하며 발뺌을 한다. 가능하면 처음에 거절하는 것이 뒤에 가서 명예의 결투를 거쳐 다시 빠져나오는 것보다 쉽다. 그 길은 대개 나락으로 떨어지는 길이니까.

38
통찰력과 판단

주위의 세계에 의해 지배당하지 않고 스스로 이를 다스리기 위해서는 통찰력과 확실한 판단력이 있어야 한다. 그런 사람은 한 번 사물을 보면 곧 그 실체를 파악하고 사람을 보면 그의 성격을 이해할 줄 안다. 또 대가답게 경험과 섬세한 관찰을 통해 다른 사람의 내면 깊이 감춰진 진짜 이유와 원래의 동기를 해독할 줄도 안다. 그는 예리하게 주시하고 철저하게 파악하고 올바르게 판단한다. 매사를 새롭게 발견하고 주시하고 이해한다. 이는 인생의 학교에서 꼭 필요한 것들이다.

39
선택할 줄 알아라

인생의 거의 전부가 이에 달려 있다. 올바로 선택할 줄 알 때 비로소 인생은 완전한 것이 된다. 거기에는 좋은 취향과 올바른 판단이 필요하다. 이성과 학식도 거기에 미치지 못한다. 선택을 받으려면 스스로 선택해야 한다. 선택은 그 자체 안에 선택을, 그것도 최선의 것을 선택할 힘을 갖고 있다. 그러나 풍요하고 노련한 정신, 예리한 지성, 학식, 신중함을 지닌 사람들도 선택의 기로에 섰을 때 돌연 힘을 잃고 파멸하는 경우가 많다. 그들은 일부러 그른 길을 가려는 듯 늘 최악의 것을 선택하곤 한다. 올바른 선택의 재능이야말로 하늘이 내려 준 가장 위대한 재능 가운데 하나이다.

40
절대 냉정을 잃지 말고 자제하라

이는 자신을 격분시키지 않는 훌륭한 지혜이다. 그럴 줄 아는 사람은 위대한 마음을 지닌 온전한 인간이다. 모든 위대한 것은 균형을 잃지 않기 때문이다. 열정은 우리의 정신에 깃든 일시적인 기분이며 이것이 넘치면 지혜를 병들게 한다. 열정이 격분으로 변해 입 밖으로 나오면 명성은 위험에 처하게 된다. 자신의 온전한 주인이 되어 아무리 큰 행복, 아무리 큰 불행 속에서도 격분하는 허점을 보이지 마라. 오히려 그런 것을 초월한 것처럼 보여 사람들의 경탄을 불러일으키라.

41
이성과 행동

이성이 깊이 숙고한 것을 신속히 행동에 옮겨라. 그러나 생각 없는 성급함은 우둔한 자들의 성품이다. 그들은 일의 어려움을 이해하지 못하기 때문에 준비 없이 뛰어들어 실수한다. 반대로 지혜로운 자들은 종종 몸을 도사리다가 일을 망친다. 선견은 예방책을 낳지만 행동력의 결핍으로 때로 올바른 판단의 결실을 맺지 못하게 한다. 신속은 행운의 어머니이다. 내일로 일을 미루지 않는 사람은 많은 것을 해낸 사람이다. 하지만

"급할수록 천천히."라는 말은 바로 제왕의 좌우명이다. 그럼에도 실수할까 봐 매사를 지나치게 조심하지는 마라. 인생에서 전혀 실수하지 않는 사람은 아무것도 하지 못하는 사람이니까.

42
용기를 보이는 법을 배워라

죽은 사자의 갈기는 토끼도 뜯을 수 있다. 거기에는 용기가
필요 없다. 용기는 웃어넘길 것이 아니다. 처음에 양보하
면 두 번째도 그리고 마지막까지도 양보해야 한다. 마지막
에 이기려고 아껴 두었던 큰 힘을 처음에 썼더라면 더 많은
것을 성취할 수 있었을 것이다. 한 가지 일에서 용기를 보
이지 않으면 다른 일에서도 용기는 마비될 수 있다. 정신의
힘은 육체의 힘을 능가한다. 용기는 조심스럽게 칼집에 넣
은 칼처럼 필요할 때 꺼내어 써야 한다. 용기는 우리의 방
패이다. 사람은 자신을 방어할 때만 존중된다.

43
기다릴 줄 알아야 한다

성급한 열정에 휩쓸려 서두르지 않을 때 인내를 지닌 위대한 심성이 드러난다. 현명한 사람은 먼저 자신을 다스려야 한다. 그리하면 비로소 다른 사람들이 그를 지도자로 받아줄 것이다. 동맹자들에게도 충분한 시간을 주어라. 사람은 기회의 중심에 다다르기 전에 시간의 긴 경계를 넘어가야 한다. 길고 긴 기다림 끝에 계절은 감춰진 것을 무르익게 하고 완성의 희열을 맛보게 한다.

44
재치 있는 사람이 되라

이는 훈련을 쌓은 정신의 산물이다. 재치에는 활달함과 침착성이 같이 깃들어 있어 위험에 처할 염려가 없다. 어떤 사람들은 너무 많은 생각을 하다가 나중에 모든 것을 그르친다. 어떤 사람들은 사전에 숙고하지 않고도 목표를 달성한다. 도전을 받고 궁지에 몰려서야 비로소 모든 것을 잘하는 기묘한 천재들이 있다. 그들은 즉석에서 하면 다 해내지만 길게 생각하면 아무것도 못 하는 일종의 괴물들이다. 그들은 즉석에서 머리에 떠오르지 않는 것을 나중에 결코 발견하지 못한다. 민첩함이 찬사를 얻는 것은 그 안에 두 가지 뛰어난 능력을 갖고 있기 때문이다. 하나는 세심한 판단이요, 또 하나는 신중한 행동이다.

45
자신의 모습을 조금씩 바꾸어 가라

사람은 늘 어디서나 자신을 같은 모습으로 남에게 보여서
는 안 된다. 누구에게나 자신의 힘을 똑같이 드러내서도 안
된다. 사람들 속에 적응하여 자신의 모습을 바꿔 가라. 꼭
필요할 때 그대의 능력을 보여라. 어떤 것도, 지식도, 성취
한 것도 한꺼번에 탕진하지 마라. 모든 것을 한꺼번에 다
펼쳐 보이지 마라. 그러면 내일은 더 이상 아무도 그대에게
경탄하지 않는다. 오직 뛰어난 매사냥꾼만이 한 마리의 새
를 잡기 위해 한꺼번에 모든 새들을 날려 보내는 대담성을
지닌다. 그런 능력을 가진 사람은 드물다. 매일 새로운 것
을 조금씩 보여 주는 자만이 사람들의 기대를 보존할 수 있
고, 능력의 한계를 감출 수 있다.

매일 달라지는 사람들이 있다.
어제는 "예." 하고 흰색이었다면 오늘은 "아니오."
하고 검은색으로 변하는 사람들이다.
그들은 늘 자신의 신용과 명망에 거슬리는 행동을
하고 타인들의 이해에 혼란을 가져온다.
상황이 확실하게 변했을 때는 그대의 태도도 바꿔라.
이유 없이 자신의 생각과 행동을 바꾸지 않는
사람은 남들이 결코 진지하게 받아 주지 않을 테니까.

46
최고의 것 안에서 최고가 되라

최고의 부류에 속하는 것은 매우 드문 일이다. 어떤 일에 있어 다른 모든 사람보다 뛰어나지 않고서 위대한 사람이 될 수는 없다. 범용(凡庸)은 절대 찬탄의 대상이 아니다. 뛰어난 직무에서 최고의 탁월함만이 우리를 일상의 대중에서 벗어나 진귀한 사람들의 부류에 넣어 준다.

하찮은 직업에서 탁월하다는 것은 하찮은 것 안에서 무엇이 된다는 것을 뜻한다. 그러나 하찮은 것은 여전히 하찮은 것일 뿐이다. 이는 편하다는 장점은 있을지 몰라도 영예는 얻지 못한다.

47
불행을 만들지 말고 성가신 일을 피하라

나쁜 소식은 남에게 전하지 마라. 그것을 집 안으로 들이는 일은 더더욱 거부하라. 이는 바람직한 지혜이며 안락과 행복을 보장해 주는 산파이다. 달콤한 아첨에만 귀 기울이는 사람, 사악하고 쓴 험담만을 좋아하는 사람, 매일 화나는 일이 한 가지라도 없이는 인생의 재미를 못 느끼는 사람이 있다. 그러나 어떤 사람이 자기와 가깝다고 해서 일시적으로 그의 마음에 드는 일을 해 주려고 평생 자기 가슴에 슬픔거리를 마련하는 것도 자기 보존의 법칙에 어긋난다. 또 와서 조언만 구하고 난 뒤 손을 떼고 가 버리는 사람을 기쁘게 해 주려고 자신의 기회를 망치는 것도 어리석다. 타인에게는 기쁨을, 자신에게는 고통을 주라는 인생의 규칙도 있으나, 보다 더 나은 규칙은 지금 그대의 거절을 듣고 상대방이 슬퍼하는 것이 그대가 나중에 아무의 도움 없이 슬퍼하는 것보다는 낫다는 사실이다.

48
취향을 가꿔라

숭고한 취향은 이성처럼 가꿔 키울 수 있다. 훌륭한 정신은 그것이 지닌 취향을 보면 알 수 있다. 섬세한 관찰은 이해력을 요구하고, 이해가 높아지면 취향도 높아진다. 큰 먹이가 큰 입에 맞듯이 고상한 일은 탁월한 정신에 맞는다. 그러므로 탁월한 정신을 지닌 사람은 그의 숭고한 취향에서 알아볼 수 있다. 세상에서 가장 대담한 일도 탁월한 정신의 심판을 두려워하고 뛰어난 예술 작품도 그의 심판 앞에서 몸을 떤다. 아주 탁월한 일들은 적고, 따라서 절대적인 높은 평가도 드물다. 타인과의 교제를 지속하면 취향도 점차 나눌 수 있으니, 올바른 취향을 가진 사람들과 만나는 것은 커다란 행운이다. 그러나 모든 일에 대한 불만족을 일거리로 삼지 마라. 경멸과 불만은 타락한 취향의 신호이다.

49
행복한 끝을 눈여겨 두라

많은 사람들은 즐겁게 목표에 도달하기보다 엄격한 규율 속에서 목표에 도달하려고 한다. 목표보다 과정이 더 중요하다고 말하기도 한다. 그러나 대중에게는 마지막에 실패했을 때 받는 치욕이 과정에서 보인 노력에 대해 받는 인정보다 비중이 크다. 승리한 사람은 변명할 필요가 없다. 끝이 좋으면 모든 것이 돋보인다. 세상은 그 수단이 적절했는지 부당했는지에 대해 크게 주목하지 않는다. 먼저 생각이 가다듬어졌으면 끝을 향해 돌진하라. 달리 행복한 결과에 도달할 수 없을 때는 종종 예술의 법칙에 반해서 나아가는 것이 바로 인생의 예술이다.

50
상기시키지 말고 자극하라

기억에 의존하기보다 지성에 의존하여 도울 때 그 가치는 더 높다. 많은 사람들은 중요한 순간에 적당한 방법을 찾는 데 실패한다. 그것이 그들의 머리에 떠오르지 않기 때문이다. 이때 충고해 주는 친구가 있다면 큰 도움이 될 것이다. 적당한 것을 발견했을 때 지체하지 않고 시작하는 것은 훌륭한 재능이다. 적절한 시기에 필요한 것을 줄 수 있는 정신은 최고의 재능이다. 그대 안에 지성의 빛이 있을 때 이를 밖으로 나누어 주고, 그대가 암흑에 빠졌을 때 남에게 그 빛의 도움을 청하라.

그러나 타인에게 꼭 상기시켜야 할 일이 있으면 그것을 암시하는 것으로 그쳐라. 이러한 섬세함은 꼭 필요하다. 더 중요한 것은 그 일에 흥미를 느끼고 추진하도록 자극하고 돕는 일이다.

51
타인의 일시적 기분에 자신을 맡기지 마라

그대 스스로 존중하고 이해하고 지킬 수 없는 것에 영향을
받지 마라. 다른 사람들의 기괴한 느낌에 흔들리지 않는 자
가 훌륭한 사람이다. 늘 변덕에 빠지는 취향은 제멋대로 바
뀌는 불협화음의 괴물이다. 이 방탕한 편애는 의지를 파멸
시키고, 올바른 인식은 그로 인해 뒤틀리고 만다. 욕구와
지식을 정반대 방향으로 이끌어 간다. 자기에 대한 관찰을
배우는 것은 지혜의 학교이다. 자기를 인식하는 것은 자기
개선의 출발점이며 극단으로 나가더라도 곧 순리의 방향을
찾을 수 있는 나침반이다.

52
제대로 거절할 줄 알아라

모든 사람에게 모든 것을 다 허락해서는 안 된다. 거절하는 일도 허락하는 일만큼 중요하다. 권력을 가진 자 앞에서 거절하는 일이야말로 최고의 지혜를 요구한다. 한 사람이 진심으로 "아니오"라고 말하는 것이 여러 사람이 의례적으로 "예"라고 말하는 것보다 가치가 있다. 미화된 거절이 무미건조한 허락보다 더 만족을 주기 때문이다. 그러나 언제나 "아니오"라는 말을 입에 담는 사람들이 많다. 입에서 노상 거절의 말이 떨어지다 보면 나중에 모든 것을 허락해도 사람들은 이를 더 이상 인정하지 않는다.

그러니 매사를 곧바로 거절해서는 안 된다. 무엇이든 완전히 거절하지도 마라. 이는 그 사람의 의타심을 단호히 뿌리치고 그로 하여금 영원히 등을 돌리게 만드는 것이 된다. 거절의 쓰라림을 조금은 덜어주기 위해서 언제나 약간의 희망을 남겨두어라.

53
일관성을 지녀라

우유부단하게 망설이거나 편향적인 사람이 되지 마라. 자신의 태도에서 모순을 드러내지 마라. 성품에서도 외양에서도. 분별 있는 사람은 항상 그대로이며 늘 자신의 완벽한 성품을 유지하고 있다. 그리하여 사려 깊고 지혜롭다는 평판을 받는다. 변화가 있다면 그럴 만한 이유와 충분한 숙고가 있기 때문이다. 지혜로운 일에 변화는 달갑지 않다. 그대가 행동에서, 의견에서, 판단에서 일관성을 보일 때 주위 사람들에게 도움이 될 것이다. 또 그대에게 친구를 만들어 줄 것이다.

54
결단력 있는 사람

일을 그르치는 것은 결단력 없는 것만큼 파멸적이지는 않다. 흐르는 물은 때로 역류가 되어도 고인 물보다 낫다. 결단성이 없이 늘 타인의 자극을 필요로 하는 사람들이 있다. 그들의 정신은 정체되어 있어 남이 이끌어 주어야 움직이기 시작한다. 이는 판단력의 혼란과 행동력의 결핍에서 나온다. 어려움을 찾아 낼 때 통찰력이 입증된다. 그러나 그 어려움으로부터 탈출구를 발견한다면 더 큰 통찰력이 있음이 입증된다.

어떤 일도 곤경에 빠뜨리지 않고 곧장 모든 일을 끝내는 사람들이 있다. 그들의 결단력과 지혜가 성공을 보장해 주기 때문이다. 그 일을 세상에 해명하고 나면 그들에게는 두 번째 일을 처리할 시간의 여유가 남아 있다.

55
항상 농담을 하지는 마라

진지할 때 지혜는 드러나고, 그것은 익살보다 더 많은 명예를 가져다준다. 항상 농담을 하는 사람은 결코 중요한 일을 할 수 없다. 사람들은 거짓말쟁이를 믿지 않듯이 그를 신뢰하지 않는다. 거짓말쟁이에게는 거짓말이, 익살꾼에게는 농담이 두렵다. 그런 사람은 도대체 언제 분별을 갖고 이야기하는지 알 수 없다. 그래서 분별이 없는 것과 같다. 쉴 새 없는 익살처럼 어울리지 않는 것도 없다. 어떤 사람들은 재치 있는 사람이 되려고 노력하다 익살꾼이라는 평판을 얻는다. 그러나 그 대가로 지혜로운 자라는 명성을 잃기 쉽다. 이것이 인생의 함정이다. 그러니 잠시 기분 전환을 위해 농담을 하더라도 나머지 대부분의 시간은 진지해져라.

56
모든 사람에게 순응하는 법을 배워라

학자에게는 학식으로, 성자에게는 성심으로, 쾌활한 사람에게는 쾌활함으로 다가가라. 사람들의 마음을 사는 것은 대단한 일이니까. 사람들은 자기와 비슷한 사람을 보았을 때 호감을 느낀다. 사람들의 기분을 관찰하고 자신을 그 사람들 각각에 맞춰라. 재치 있는 일이든 진지한 일이든 상황에 따라서. 인생을 살면서 남에게 의존해야 하는 사람에게는 이 기술이 긴히 필요하다. 그러나 이는 아주 섬세한 일이라 많은 재능을 요구한다. 그러니 머릿속을 지식으로 채우고 다양한 취향을 기르라. 이따금 미리 연기 연습도 해 둔 사람에게는 이 일이 그리 어렵지 않으리라.

57
사업에서의 수완

우둔한 사람은 늘 문이 반만 열린 집 안으로 허겁지겁 뛰어든다. 어리석은 사람은 언제나 느닷없이 불손한 말을 내뱉는다. 그들은 무모하기 때문에 매사에 생각 없이 덤빈다. 이 단순한 무모함은 그들에게서 예방책을 마련할 주의를 빼앗고, 나중에 실패해도 치욕의 감정마저 느끼지 못하게 만든다. 모든 무모함은 때로는 요행히 그냥 넘어가도 결국 인생의 지혜에 의해 파멸의 선고를 받는다. 어리석은 사람의 눈에 보이는 지평선은 늘 가까이 있다. 그러나 함정이 우려되는 곳에서는 신중히 발을 내디뎌야 한다. 서두르지 말고 지혜로 더듬으며 앞으로 나아가라, 주의력이 점차 발판을 확보할 때까지.

58
정보는 신속히 스스로 얻어라

사람들은 정보를 들으며 살아간다. 우리가 실제 눈으로 보는 것은 적다. 우리는 타인들에 대한 신뢰에 의지하며 산다. 그러나 우리의 귀는 진리의 곁문이고 거짓말의 대문(大門)이다. 진실은 대부분 눈으로 목격되지 귀에 들리는 경우는 드물기 때문이다. 진리가 순수하게 왜곡되지 않고 우리에게 도달하는 경우는 드물다. 그것은 가는 곳마다 사람들의 감정에 오염된다. 그러므로 칭찬하는 자에게는 조심스레 귀를 기울이고 비난하는 자에게는 더 조심스레 귀를 기울여라. 사실을 전달하는 자의 의도를 읽고 그보다 한 발 앞서기 위해서. 정보는 항상 무슨 목적을 갖고 있으며, 그것을 전달하는 자도 항상 또 다른 목적을 갖고 있다. 가장 빠르고 정확한 정보는 자기 스스로 그 현장에 가까이 다가갈 때 얻을 수 있다.

59
단맛 쓴맛을 다 맛보지 마라

나쁜 일도 좋은 일도 마찬가지다. 한때 현자들은 엄격한 도
덕만을 인생의 황금 법칙으로 삼았다. 그러나 지나친 정의
는 부당함이 될 수 있다. 달콤한 오렌지 즙도 너무 오래 짜
면 나중에는 쓴맛이 나온다. 아름다운 것을 향유할 때도 지
나치지 마라. 정신도 최후까지 긴장하면 둔해진다. 매사에
지나침이 아닌 절제가 필요하다. 최고의 약도 과용하면 독
이 되고, 우유도 지나치게 짜 내면 피가 나온다. 인생의 지
혜는 언제나 균형을 선호한다.

60
적을 피하지 말고 이용하라

칼도 다뤄 봐야 안다. 그러나 위험한 칼날을 잡지 말고 손잡이를 붙잡아라. 보호해 줄 것이다. 매사에는 유리한 쪽과 불리한 쪽이 있다. 적을 잘 다룰 줄 알아라. 지혜로운 자에게는 적의 도움이 어리석은 자에게 오는 친구의 도움보다 더 낫다. 때로는 친구의 호의로 감히 넘을 수 없는 난관의 산도 적의 악의가 평탄하게 해 줄 수 있다. 증오보다 더 위험한 것은 아첨이다. 증오는 오점을 씻어 내려 하나 아첨은 그것을 감추기 때문이다. 지혜로운 자는 남의 원망에서 귀감을 배운다. 강력한 역풍은 맥 빠진 순풍보다 낫다. 적의 덕택에 행운을 얻은 사람들은 많다. 그러나 지혜로운 자는 자기 곁에 있는 경쟁자와 적들의 동태를 주시한다. 누가 자신의 잘못을 험담하지 못하게 예방하거나, 이를 듣고 곧바로 개선한다.

61
매사에 뛰어나려 하지 마라

어디서나 으뜸패가 되려 하지 마라. 탁월한 사람들의 결점은 너무 많은 장점을 이용하려다 이를 오용하는 것이다. 그런 노력은 결국 모든 사람에게 혐오를 산다. 어떤 일에도 쓸모가 없는 것은 불행한 일이지만, 모든 일에 쓸모 있으려 하는 것은 더 큰 불행이다. 그것을 추구하는 사람은 너무 많은 것을 얻기 때문에 잃는다. 승리만을 추구하는 사람은 처음에 경탄을 받았던 것처럼 끝에 가서 경멸을 받는다. 횃불이 밝게 타오를수록 타는 시간이 더 짧아지듯이. 명성이 있을 때 분수를 지킴으로써 극단을 피하라. 자신을 나타내는 데 인색할수록 그 가치는 더욱 커진다.

62
험담에 주의하라

대중에게는 머리가 많고 따라서 시기하는 눈도 많다. 그들 사이에 험담이 돌면 그중 가장 명망 있는 사람이 고통을 당한다. 그의 명성에 그림자가 드리워지는 탓이다. 어떤 궁지에 몰렸을 때, 형편이 좋지 않을 때, 우스운 잘못, 구설수에 맞는 소재 등이 그런 동기를 줄 수 있다. 개인이 획책한 간계가 때로는 일반 사람들의 중상으로까지 커질 수 있다. 나쁜 평판을 얻기는 쉽다. 나쁜 것은 사람들에게 더 믿음직스러워 보이기 때문이다. 한 번 생긴 오명은 깨끗이 씻어 내기 어려우니, 지혜로운 자는 다만 대중의 몰염치를 경계해야 한다. 구제보다 쉬운 것이 예방이다.

63
숭고함을 위해 관대하게 행동하라

훌륭한 사람은 자기 행동에 소심해서는 안 된다. 어떤 일에서 너무 하나하나를 따져서도 안 된다. 특히 이미 일어난 일이어서 바꿀 수 없을 때는 더욱 그렇다. 때로 매사를 스쳐가며 유의하는 것은 유익하지만 매사에 의도적으로 신경을 쓰는 것은 바람직하지 않다. 그대가 비난할 일이 있으면 평범한 목소리로 드러내라. 일상적인 일에는 관대하라. 이는 고상한 품위이다. 관대함은 타인을 유도하는 데 중요한 수단이다. 그대의 아량과 미래지향성에 대해 사람들은 칭찬할 것이다. 친지, 친구, 특히 적들 사이에 있을 때면 대부분의 일은 못 본 척 지나가라. 불쾌한 일에 매번 다시 관여하는 것은 미친 짓 가운데 하나이다. 관대하고 편안한 태도는 비판보다 더 많은 효과를 보여 준다.

64
자기 자신을 먼저 파악하라

누구도 자신을 먼저 파악하지 않고는 스스로 주인이 될 수 없다. 얼굴을 들여다볼 거울은 있으나 마음을 들여다볼 거울은 없다. 자신의 신중한 성찰을 그 대신으로 삼아라. 바깥의 형상이 잊혀졌을 때 마음의 심상(心像)을 생각하고 그에 의지하라. 무슨 일을 하기 위해서는 사전에 자신의 능력과 분별력, 성향을 파악하라. 거래에 들어가기 전에 자신의 용기를 시험하라. 약속을 하기 전에 줄 수 있는지 계산하라. 자신의 깊이가 어느 정도인지 늘 새로이 알아 보고, 모든 일을 감당할 자신의 머리를 명석하게 유지하라.

65
의혹이 들 때는 절대 일에 착수하지 마라

행동하면 실패할 것 같은 걱정만 보여도 상대방은 안심을
한다. 특히 그가 경쟁자일 때는 더욱 그렇다. 처음 사업을
벌일 때 벌써 판단력에서 의심을 사면, 나중에 그 일에 열
정적으로 빠져들 때는 어리석은 행동을 하고 있다는 공공
연한 비난을 피하기 어렵다. 분별력이 의심될 때 행동은 위
험하니 중지하는 것이 더 안전하다. 지혜는 확률에 의지해
서는 안 되고 항상 이성의 빛 한가운데를 걸어가야 한다.
어떤 사업 계획이 벌써 우려를 자아낸다면 그것이 어떻게
제대로 되겠는가?
우리 내면에서 깊이 숙고하여 결정한 일도 종종 불행한 결
과를 가져오는데, 흔들리는 이성과 그른 판단에 의해 결정
된 것의 성공을 어떻게 기대할 수 있겠는가?

66
말과 행동에 더 나은 분별력을 기르라

매사에 소량의 지혜가 백 파운드의 재치보다 낫다. 이것은 행동하고 말할 때 첫째가는 규칙이다. 그리고 우리의 지위가 높아지면 높아질수록 더 타당하고 중요한 규칙이 된다. 분별력을 지닐 때 사람은 큰 갈채는 받지 않아도 안전하게 걸을 수는 있다. 지혜롭다는 평판이야말로 명예가 거두는 최후의 승리이다. 그러나 명예를 얻은 자는 자기 자신의 판단이 성공한 행동의 모범이 된 것으로 만족하라.

67
보편성과 다양성

뛰어나고 다양한 것들을 한 몸에 지닌 사람은 다른 많은 사람들에게 도움이 된다. 그는 자기가 누리는 인생의 즐거움을 교제하는 사람들 사이에 전하고 그들의 삶도 아름답게 해 준다. 보편성의 다양한 변화는 최고의 여흥을 제공한다. 매사에 최선의 것을 획득할 줄 아는 것은 위대한 예술이다. 자연이 인간을 들어 올려 자신의 완벽한 축소판으로 만들었듯이, 예술도 인간의 오성과 취향을 연마시켜 인간을 소우주로 만든다.

68
자신을 알리되 능력은 헤아리지 못하게 하라

지혜로운 자는 모든 사람들에게 존경을 받을 때 자신의 능력과 지식, 위력을 밑바닥까지 드러내지 않도록 주의한다. 누구나 그를 알지만 그의 정체를 모두 발견해서는 안 된다. 사람들은 타인의 능력의 한계를 알았을 때 얼마 안 가서 곧 실망하고 만다. 인생은 수학이 아니라 지혜를 겨루는 장(場)이다. 누구나 아무리 대단한 재능을 갖고 있어도 이에 대해 정확히 들어서 아는 것보다 추측과 의심을 갖는 쪽이 더 큰 숭배를 불러일으킨다. 현명한 자는 사람들을 속이기 위해서가 아니라, 사람들을 이해하고 돕기 위해 이 기술을 쓸 줄 알아야 한다.

69
편견 없는 사람이 되라

현명하고 정의롭고 철학적인 궁신(宮臣)이 되라. 그대가 짐짓 편견이 없는 듯이, 혹은 편견에서 벗어난 듯이 보이는 것은 의미가 없다. 중요한 것은 정말로 편견을 갖지 않는 일이다. 철학은 오늘날 그 위신을 잃었다. 그럼에도 철학은 여전히 현자가 담당할 최고의 일거리이다. 생각하는 이들의 학문은 모두 공경을 잃었다. 위대했던 로마 제국에서도 한때 학문이 존중되었으나, 이제는 하찮은 대우를 받을 뿐이다. 그럼에도 기만을 발견하는 일은 항상 생각하는 정신에게는 양식이 되고, 편견 없는 올바른 자들에게는 기쁨이 되어 왔다.

70
세상의 절반이 다른 절반을 비웃는다

한쪽이 추구하는 것을 다른 쪽은 싫어한다. 그러나 양쪽 다 어리석다. 그들이 선택한 대로 매사가 다 좋거나 나쁘게만 보이게 된다. 매사를 자기 생각대로만 정리하려는 사람은 참을 수 없는 바보다. 거기에는 진정한 머리 대신 그렇고 그런 수많은 감각들이 있을 뿐이다. 사람은 많고 의견과 취향도 모두 다르다. 매사는 자신의 관객을 갖고 있다. 어떤 과실이라도 그것을 감싸 주는 사람은 있다. 그러니 우리 일이 몇몇 사람 마음에 들지 않는다고 용기를 잃을 필요는 없다. 그것을 인정하는 다른 사람들도 있으니까. 그러나 찬사에 너무 들뜨지 마라. 똑같은 성과에도 이를 배척하는 사람들이 있으니. 어떤 한 사람의 찬사나, 일시적으로 유행하거나 또는 한 시대에만 지속되는 찬사로 살아서는 안 된다.

71

커다란 행운을 입에 넣으려면
이를 소화할 위를 가져라

커다란 행운이 다가왔을 때 더 큰 행운을 맞을 가치가 있는
사람은 당황하지 않는다. 어떤 사람에게는 배부른 것이 어
떤 사람에게는 아직도 배고프다. 소심한 천성 때문에 커다
란 행운의 조각을 소화시키지 못하는 사람들이 있다. 그들
은 훌륭한 관직을 위해 태어나지도 교육받지도 못했다. 그
런 사람들이 공들이지 않고 명예를 얻을 경우 그 속에서 솟
는 향기에 머리가 어지러워 높은 곳에서 떨어질 위험이 있
다. 그들 자신 속에는 행운이 설 땅이 없기 때문이다. 그러
나 뛰어난 재능을 지닌 사람의 내면에는 더 큰 일도 받아
들일 공간이 있다. 큰 행운을 바라는 사람은 스스로 소심한
마음을 지니거나 드러내지 않도록 항상 주의를 기울인다.

72
여러 분야를 타진해 보라

여러 분야를 살피려면 대단한 분별력이 요구된다. 그 대가
로 분야의 다양성을 알 수 있다. 어떤 것은 용기를, 어떤 것
은 예리한 오성을 요구한다. 공정함이 중요시되는 분야는
노력만으로도 헤쳐 나가기 쉬우나, 수완이 필요한 분야에
서는 노력만 기울여 성취하기는 어렵다. 사람들을 이끄는
것은 힘든 일이고, 우둔한 자를 다루는 것은 더욱 힘든 일
이다. 분별없는 사람을 다스리려면 곱절의 분별이 필요하
니까. 단조롭고 많은 시간을 요구하는 분야는 바람직하지
않다. 힘들더라도 스스로 결정할 수 있고 변화 있는 분야
가 더 낫다. 다른 사람에게 의존성이 적은 분야일수록 바람
직하며, 죽도록 땀 흘려야 하는 분야가 가장 나쁜 것이다.

73
번거로운 짐이 되지 마라

자기 일이나 한 가지 일만을 길게 화제로 삼는 사람은 주위 사람들을 지루하게 만든다. 간결하고 짧은 것이 매력적이고 일의 성과도 더 크다. 시간 절약으로 잃기 쉬운 것을 고상한 예의와 적절한 대화로 만회하여라.

좋은 것이 짧으면 곱절로 좋고, 나쁜 것도 수량이 적으면 꼭 나쁘지만은 않다. 길고 난잡하게 떠드는 것보다 핵심적인 것을 말하는 것이 훨씬 효과가 크다. 그대의 참석과 긴 연설로 사람들을 힘들게 하지 마라. 정말 관객이 필요하다면 아무 할 일이 없는 사람들을 찾아라.

74
자신의 직위를 뽐내지 마라

개인의 성품이 눈에 띌 때보다 신분이나 위엄이 화려하게 눈에 띌 때 사람들은 감정이 상하기 쉽다. 자신을 늘 중심 인물로 만들면 미움을 살 수 있다. 약간의 부러움을 샀을 때 뒤로 물러서라. 더 이상 질투를 일으키지 않는 것이 좋다. 사람은 남들의 공경을 바랄수록 더 적은 공경을 받는다. 공경은 타인의 의사에 달려 있으니, 취하는 것이 아니라 기다려 얻는 것이다. 훌륭한 직위일수록 그에 맞는 명망이 요구된다. 이것 없이 그 직위는 결코 오래 지속될 수 없다. 그러니 자신의 임무를 잘 이행할 수 있도록 거기서 필요한 명예를 지켜라. 공경을 받으려고 억지로 치닫지 말고 스스로 생겨나도록 업적을 쌓아라.

75
심장과 머리는 우리 능력의 양 극점이다

서로가 다른 한쪽이 없이는 행복은 반으로 준다. 우리 머리를 지배하는 이성만으로는 충분하지 못하다. 필요한 것은 마음속에 깃든 감성이다. 이성과 감성은 우리 행동의 양대 축이다. 둘이 서로 조화를 이루지 못하면 직업, 가치관, 인간관계에서 실패한다. 어리석은 자의 불행은 신분과 관직에 매이고, 땅을 소유하고 사람들과 바삐 교제하느라 자신의 사명을 그르치는 데서 시작된다. 이성이 서둘러 밖으로 명예를 취하려 할 때 감성은 조용히 내면의 소리를 들어야한다. 그대가 진정으로 원하는 것은 마음속에 있기 때문이다. 천국의 기쁨도, 지옥의 고통도.

76
자신의 의도를 남에게 확실히 드러내지 마라

새로운 것을 보고 경탄하는 것은 이미 그것이 성공할 것을 기대하고 가치를 평가하는 것과 같다. 공개된 카드로 게임을 하는 것은 유리하지도 유쾌하지도 않다. 자신의 의도를 곧바로 밝히지 마라. 그럼으로써 사람들의 기대감을 고조시킬 수 있다. 무슨 일에 있어서든 약간의 비밀스러움을 띠게 하고 그것이 지닌 폐쇄성 자체로 경외심을 불러일으켜라. 자신을 드러낼 때조차 평범한 모습은 피하라, 사람들과 교제할 때에 자기 내면을 모든 사람들에게 열어 보여서는 안 되는 것처럼. 신중한 침묵은 지혜의 성역이다. 입 밖으로 한 번 새어 나간 의도는 결코 높이 평가되는 법이 없으며 오히려 비난의 대상이 되기 쉽다. 마치 섭리를 내리는 신(神)처럼 자신의 의도를 감추어라. 사람들로 하여금 추측케 하고 불안케 하라.

77
자기완성에 도달하라

완전하게 태어나는 사람은 없다. 매일같이 인격을 닦고 소명을 다해야 한다. 모든 능력이 완벽하게 발휘되고, 뛰어난 성품이 발전하여 자기완성의 최고 수준에 도달할 때까지. 고상한 취향이 생기고, 생각이 맑아지고, 판단이 성숙해지고, 의지가 순수해질 때 그 완성을 느끼게 될 것이다. 어떤 사람은 늘 뭔가 부족하여 결코 완성에 이르지 못하고, 어떤 사람은 늦게야 완성된다. 완전한 사람은 말이 지혜롭고 행동이 신중하여 현명한 사람들과 가까이 교류하며 그들에 의해 인재로 발탁된다.

78
윗사람을 능가하려고 덤비지 마라

뛰어난 것은 언제나 미움을 받는다. 특히 자기보다 높은 지위에 있는 자를 능가하려는 사람은 더욱 미움을 받는다. 그러니 신중한 사람이라면 평범한 자들이 내세우는 장점을 감출 수 있다. 예를 들면 자신의 아름다운 모습은 허술한 옷차림으로 감출 수 있다. 행운이나 정서에 관해서는 남에게 양보할지 몰라도 지적인 것에서 양보할 사람은 아무도 없다. 왕자라면 더욱 그렇다. 그는 남이 자기를 돕는 것은 기꺼이 허용하나 자기를 능가하는 것은 참지 못한다. 그를 도울 때는 마치 그가 잊은 것을 상기시키듯 겸손히 행동하라. 지금껏 없었던 새로운 것을 제안하는 척하지 마라. 태양은 별이 빛나는 것은 허용하지만 태양의 찬란한 빛을 능가하도록 가만히 내버려 두지 않는다.

79
열정에 사로잡히지 마라

열정은 위대한 정신의 산물이다. 뛰어난 열정을 지닌 사람
은 일반 사람들의 감명을 산다. 우리가 살고 있는 현실은
만약 열정이 그것을 움직이지 않으면 지루하고 퇴색된다.
그러나 열정이 우리의 삶을 지배하면 그것은 곧 고통스러
워진다. 그러니 자신과 자신의 열정을 다스리는 것이야말
로 가장 큰 힘이다. 이는 자유 의지의 승리이다. 혹 열정이
사람을 지배하더라도 그가 하는 일까지 지배를 당해서는
안 된다. 높은 지위에 있는 사람일수록 더욱 그렇다. 불쾌
한 일을 피하여 지름길로 명망을 얻는 것이야말로 가장 고
상한 수법이다.

80
행운과 명성

행운은 일시적이지만 명성은 지속적이다. 행운은 현세를 위한 것이고 명성은 후세를 위해서 필요하다. 행운은 갈망하는 것이며 때로는 선물로 주어지지만, 명성은 노력으로 얻어진다. 명성에 대한 소망은 자신이 두는 가치에서 우러나온다. *명성의 여신은 과거에도 위대한 거인들의 자매였고, 지금도 그렇다. 이 여신은 언제나 특출하고 기괴한 것, 이상하거나 혐오스러운 것, 또는 갈채 대상이 되는 것의 뒤를 따른다.

*명성은 고대 그리스 신화에서 여신 파마(Fama)로 의인화되었다. 로마 시인 베르길리우스는 이 여신의 머리를 구름 속에 감춘 채 땅 위를 걷고 있는 것으로 묘사하였다.

81
배울 것이 있는 사람과 교제하라

우정 어린 교제는 지식의 학교이며 즐거움을 주는 가르침이다. 자신의 친구를 교사로 삼아 즐거운 대화와 배움을 교대로 얻는 이로움을 취하라. 우리를 다른 사람들에게 이끄는 것은 대개 우리의 관심사이다. 신중한 사람은 허영에 찬 화려한 궁전보다 위대함을 보여 주는 노련한 궁신의 집을 종종 방문한다. 여기서는 뛰어난 지혜로 명성을 떨친 사람들을 만날 수 있다. 이들의 명성은 자신들이 인생의 본보기가 되면서 그들이 말하는 위대한 예언 때문만이 아니라, 그들이 사귀는 사람들 그리고 그들을 둘러싼 무리들과 더불어 온갖 훌륭하고 고귀한 지혜의 아카데미를 열고 있어서 얻어지는 열매이다.

82
도움되는 인물을 확보하라

권력자들의 행운은 뛰어난 통찰력을 지닌 사람들과 함께 어울리는 데 있다. 현인들은 권력자들을 무지(無知)의 위험과 도처에 도사린 난관으로부터 지켜 주기 때문이다. 권력자들이 이들을 신하로 얻을 수 있다면 금상첨화이다. 현인을 이용하는 법을 배우라. 지식은 길고 인생은 짧다. 그러니 힘 안 들이고, 그것도 전지(全知)한 사람이 되기 위해 많은 사람을 통해 배우는 것은 지극히 현명한 일이다. 그리하여 나중에 모임에서 자신의 입으로 여러 사람을 위해 많은 것을 말할 수 있으면, 이는 타인의 노력을 빌어 자신이 예언자의 명예를 얻는 것과 같다. 남에게 도움이 되는 지혜로운 자들은 먼저 교훈을 모아 그 지식의 정수를 우리에게 펼쳐 보인다. 그러나 그 현인들을 직접 신하로 삼을 수 없을 때는 친구로서 교제를 통해 그들의 도움을 얻으라.

83
변화 있는 스타일을 보여라

남의 관심, 특히 적의 관심을 흐트러뜨리기 위해서는 가끔 모양을 바꿔라. 항상 같은 방식으로 행동하면 사람들은 곧 그 의도를 알아차려 그대의 계획을 무산시키기 쉽다. 계속 같은 방향으로 나는 새는 쏘아 맞히기 쉬우나 방향을 바꾸는 새는 맞히기 어렵다. 한 번 바꾼 방향이라도 오래 지속하여 가지 마라. 사람들은 그 두 번째의 방향마저 곧 알아차릴 것이다. 뛰어난 도박꾼은 결코 상대방이 기대하는 패를 내놓지 않는 법이다.

84
근면과 재능

이 두 가지가 다 결여되면 결코 뛰어난 사람이 될 수 없다. 그러나 두 가지를 다 갖추고 있으면 최고의 명성도 얻을 수 있다. 평범한 머리를 가진 사람이라도 근면하면 그렇지 못한 사람보다 앞질러 나갈 수 있으며, 근면의 대가로 살 수 있는 것이 명성이다. 대가가 적으면 그 가치도 적다. 최고의 직위에서는 노력 부족 때문이지 재능이 부족해서 궁지에 몰리는 사람은 별로 없다. 높은 지위에서의 2인자가 낮은 지위에서의 1인자보다 낮다는 것은 나름대로 변명이 된다. 그러나 그대가 높은 지위에서 뛰어난 능력을 발휘할 수 있는데도 낮은 지위에서 평범하게 머무는 데 만족한다면 이는 변명이 될 수 없다. 타고난 재능과 후천적인 숙련이 다 같이 필요하다. 근면은 이 양자를 완성시켜 준다.

85
결코 자만하지 마라

자신에게 불만족하는 것은 소심한 짓이며, 자신에게 만족하는 것은 어리석은 짓이다. 자만은 종종 무지에서 나온다. 그것은 그런대로 행복감을 주지만 평판이나 위신에는 해가 된다. 사람들은 타인의 끝없이 높은 완벽성을 통찰하지 못하기 때문에 자신 속에 있는 평범한 재능에도 만족한다. 자신의 행복을 완전히 믿지는 마라. 그것이 더 지혜로우며 더 유능하다. 이는 일이 잘못되는 것을 예방하고, 나쁜 결과가 오더라도 자신을 위로할 수 있게 해 준다. 불행은 이미 그것을 예상하고 두려워한 자에게는 커다란 놀라움이 아니니까. 사물은 상황에 따라 변하니 한 곳에서의 승리가 다른 곳에서는 패배가 될 수 있음을 아는 것이 지혜롭다.

86
남과 잘 어울려라

이는 온전한 사람이 되는 가장 빠른 길이다. 옳은 사람과의
교재는 전적으로 효과적이다. 습관과 취향을 서로 나누고
의견, 재능까지도 모르는 사이에 서로 취하게 된다. 그대에
게 맞는, 무엇보다 그대의 부족함을 채워 줄 친구를 찾아
라. 성급한 사람은 완만한 성격을, 호전적인 사람은 평화적
인 사람을, 장사꾼은 기술자를 친구로 삼아라. 의견 교환에
서도 서로 무리 없이 적당한 분위기를 만들어 낼 수 있다.
대립되는 것들의 교착과 상호작용이 세상을 아름답게 만들
고 보존한다. 육체적 조화를 이루게 되면 좋고 도덕적 조화
를 이룬다면 더할 나위 없다. 친구와 신하를 선택할 때 이
지혜를 신중히 사용하라. 상호 대립되는 것을 잘 결합하면
지혜로운 중도(中道)를 걸을 수 있다.

87
불평하지 마라

모든 것을 악으로 모는 음울한 심성을 가진 사람들이 있다. 그들은 다른 사람들이 한 것, 할 것을 모두 저주하는 사람들이다. 이는 통찰하고 인식해서가 아니라 비열한 감정에서 나오는 것이다. 이는 눈 속의 티끌을 대들보로 과장하여 비난하는 것과 같다. 불평하는 사람은 맡은 일마다 천국에서 지옥으로 바꾸고, 더구나 열정까지 가세해서 모든 것을 극단으로 몰아붙인다. 반대로 고귀한 심성을 지닌 사람은 모든 일에서 긍정적인 것을 보려고 한다. 일부러 과실을 눈감아 주고 의도는 좋았다고 말해 줌으로써 매사를 용서할 줄 안다.

88
친구는 제2의 자아다

친구는 인생의 가치를 배로 늘려 준다. 어떤 친구라도 그대를 위해 얼마쯤은 도움이 된다. 그리고 친구들 사이에는 모든 일이 잘 된다. 어떤 친구도 그만한 가치가 있다. 다른 사람을 친구로 삼으려면 그의 마음을 사서 말문을 열게 해야 한다. 여기에 호의를 표시하는 것보다 더 강력한 마술은 없으니, 그것은 친절한 행동에서 드러난다. 친구를 얻기 위해서는 자신을 친구로 만드는 것이 최고의 방법이다. 우리가 무엇을 얻고, 그것도 제일 좋은 것으로 얻는 것은 다른 사람들에게 달려 있다. 우리의 인생은 어차피 적들과 친구들 사이에서 펼쳐진다. 매일 친구를 구하라. 매사에 정확한 친구보다는 호의적인 친구를 얻으려고 노력하라. 그들 중 몇 명을 나중에 그대가 신뢰하는 사람으로 선택할 수 있을지도 모른다. 그러면 그대의 인생은 결코 외롭지 않을 것이다.

제3부
(89~133)

지혜로운 자는 좋게 말하고 좋게 행동한다.
먼저 좋게 말하고 뒤에 사람들이 그것을 더 좋게
말하도록 하는 것은 영리한 행동이다.
나쁘게 말하고 좋게 행동하는 것은 참을 만하다.
나쁜 말은 나쁜 행동이 따르지 않더라도 그 자체로
이미 나쁘다. 한 번 쏟아 낸 말은 삼킬 수 없고
바람처럼 빨리 퍼져 막을 수 없다.
사람은 말만 있고 행동이 없이는 살 수 없다,
말은 행위의 담보가 되어야 한다.
그때서야 비로소 말의 가치가 살아난다.

89
사랑과 호의를 얻어라

사람들에게서 사랑을 받으면 그들의 호의적인 의견을 얻을
수 있다. 훌륭한 것을 이루려면 남들의 호의를 이용해야 하
며, 호의는 모든 것을 원활하게 하고 보완해 준다. 성공하
기 위해 매사에 용기, 성실, 학식, 영리함 같은 좋은 성품
만 필요한 것은 아니다. 아니, 그런 완벽한 성품들은 애초
에 갖춰진 것으로 간주되어 부족함이 있을 때 이를 용납하
지 않는다. 하지만 호의는 잘못이 있더라도 일부러 간과하
고 감싸 준다. 호의는 대개 같은 의견, 같은 출신, 같은 교
육, 같은 직업 또는 신분일 때 생겨난다. 재능, 의무, 명성,
업적과 같은 형식적인 것에서 성과를 거두었을 때 얻는 사
람들의 호의는 더 크다. 호의는 얻기 어려우나 한 번 얻으
면 쉽게 지킬 수 있다. 그것을 보여 준 사람들을 동등하게
대하고, 그들과 부단히 교류하고 그들의 호의를 계속 이용
함으로써.

90
섣불리 경쟁자가 되지 마라

어떤 경쟁도 우리의 평판에 위험을 줄 수 있다. 경쟁자가 없을 때 우리는 화려한 명성을 누릴 수 있으나, 다른 사람들과 대적하면 그들은 우리의 빛을 가리고 우리보다 더 찬란히 빛나려고 한다. 솔직한 전법으로 전쟁을 하는 사람은 많지 않다. 경쟁자들은 우리가 조심성 없이 저지른 잘못을 들추어 낸다. 경쟁의 열기는 이미 오래 전에 사장(死藏)된 나쁜 소문을 다시 파내어 악취를 세상에 드러낸다. 경쟁자들은 온갖 수단을 동원하고 자신들이 말해야 할 것을 말하지 않고 말하고 싶은 것을 말하며 중상한다. 남들과의 경쟁을 피하고 호의를 유지하면 늘 평화롭다. 신뢰와 명망이 있는 사람들은 호의적이다.

91
지인(知人)들의 결점에 익숙하라

주위에는 우리가 더불어 살 수 없는 끔찍한 성격을 가진 사람들이 있다. 그러나 그들이 없어도 우리는 살지 못한다. 그러니 마치 추한 얼굴에 익숙해지듯 그들의 결점에도 차츰 익숙해지는 것이 현명하다. 더불어 사는 것이 달갑지 않아도 그들에게 의존할 수밖에 없다면 불가피한 일이다. 그러면 아무리 끔찍한 상황이 닥쳐도 결코 분별을 잃지 않게 된다. 처음엔 그 결점들이 경악을 불러일으키지만 우리 눈에 점차 그 추함도 익숙해진다. 그러나 그들에 대한 의존도가 적어지면 서서히 눈에 띄지 않게 그들에게서 멀어져 가라.

92
결코 자신에 대해 말하지 마라

자기를 칭찬하는 것은 허영심이고, 자기를 책망하는 것은 어리석음이다. 말하는 사람에게서 어리석음이 드러나면 듣는 사람은 괴롭다. 이는 평범한 교제에서도 피해야 할 일인데, 높은 지위에서 말하거나 대중 앞에서 연설할 때는 더욱 그렇다. 말하는 사람이 조금만 어리석음을 드러내도 사람들은 그를 정말 어리석은 자로 여긴다. 또 같은 자리에 참석해 있는 사람들에 대해서 말하는 것도 피하라. 아무리 현명한 자라도 그 자리에 있는 사람들에 대해 말하면 아첨가나 비판가, 둘 중 하나로 비칠 위험이 있으니까.

93
예의를 보여라

호감을 얻는 데는 그것으로 족하다. 예의는 교양에서 나오며, 이는 모든 사람의 호의를 얻는 일종의 마법약이다. 반대로 무례함은 일반의 경멸과 반감을 산다. 무례함이 자만에서 나오면 혐오스럽고, 조악함에서 나오면 경멸스러우며, 무지에서 나오면 유감스럽다. 너무 적은 예의보다는 지나친 예의가 낫다. 그러나 모든 사람에게 가리지 않고 똑같은 예의를 보여서는 안 된다. 이는 부당한 것이다. 적에게는 자신의 가치를 드러내기 위해 의무적으로 예의를 보여라. 남을 존중하는 사람은 자신도 존중받는다. 예의와 명예가 지닌 장점은 바로 그것을 남에게 보여 줄 때 자신에게 돌아와 머문다는 사실이다. 그러니 예의에 관해서는 관대해져라.

94
미움을 사지 말고 반감을 불러일으키지 마라

미움은 초대하지 않아도 저절로 오는 불청객과 같다. 많은 사람들은 이유도 모르고 괜히 서로를 싫어한다. 그들은 현명한 자를 두려워하고 고약한 혀를 가진 자를 싫어하고 건방진 사람을 혐오하고 조소가를 피하며 별난 사람은 무시하려 한다. 모든 사람들을 적으로 만들고 나서야 만족하는 사람들이 있다. 한 번 미움이 뿌리를 내리면 오명(汚名)처럼 근절하기 힘들다. 미움은 치유하기 힘들고 전염되는 병과 같다. 그러니 남의 미움을 피하고 존중받으려면 먼저 남을 존중하라. 행복해지고 싶으면 남을 고려하라. 그대가 남을 미워하는 경우 그대는 단지 그의 모습을 빌려 자신 안에 있는 무엇인가를 미워하는 것과 같다. 남을 미워하는 것은 결국 그대 자신을 미워하는 일이다.

95
자기 일이 아닌 것을 일거리로 만들지 마라

어떤 사람들은 매사를 헐뜯고 어떤 사람들은 매사를 자기
일거리로 만든다. 매사를 심각하게 여기고 다툼거리를 만
들어 내고, 은밀한 비밀을 조장한다. 짜증 나고 불쾌한 일
은 너무 진지하게 받아들이지 말고 피하는 것이 좋다. 안
그러면 부적합할 때 휘말려들기 쉽다. 거꾸로 한 귀로 흘
려도 될 일에 신경을 쓰는 어리석은 사람들이 있다. 정말
중요한 일은 방관하고 하찮은 것으로 여기며, 아무것도 아
닌 일을 심각한 일로 만들어 놓는다. 모든 일은 처음에는
유혹적이고 쉽게 해결될 듯이 보이나 나중에는 그렇지 않
다. 치료하려고 덤비다가 재앙을 만들어 낸다. 인생에 그
리 나쁘지 않은 처세훈이 있으니, 일을 가만히 내버려 두라
는 가르침이다.

96
말과 행동에서 당당해라

이것이 감동을 줄 때 어디서나 명망과 존경을 얻을 수 있다.
당당함은 어디서나 나타난다. 교제에서, 대화에서, 눈빛에
서, 취향 그리고 심지어 걸음걸이에서도. 사람들의 마음을
정복하는 것은 참으로 위대한 승리다. 당당함은 불손함이
나 자만, 허풍에서 나오는 것이 아니라 천부적 재능과 탁월
한 업적에서 얻은 권위에서 나오기 때문이다.

97
뛰어날수록 소박하게 행동하라

재능이 많을수록 뽐내지 마라. 이는 비열하고 볼품없다. 겉치레는 꾸미는 사람에게는 괴롭고 보는 사람에게는 역겹다. 성품에서는 자연스러운 것이 인위적인 것보다 사람들의 마음을 더 끈다. 부자연스런 것은 무능한 것으로 간주되기 쉽다. 지혜로운 사람은 자신의 장점을 절대로 알리지 않는다. 그가 그것에 신경 쓰지 않을 때 다른 사람들이 그것을 존중하게 되는 것이다. 모든 완벽성을 자신 속에 갖추고 있되 스스로 그렇다고 생각하지 않는 사람은 곱절로 훌륭하다. 남들이 그에게 더욱 찬사를 보낼 것이니, 그는 역효과로 목적에 도달하는 셈이다.

98
남들이 원하는 사람이 되라

일을 완수하고 퇴장하는 자에게 사람들은 대개 눈물을 흘려 주지 않는다. 사람들이 그대를 갈구하고 그리워하고 다시 돌아와 주기 바란다면 이는 행운이다. 남들에게서 큰 호의를 얻는 사람은 많지 않다. 특히 사려 깊은 사람들의 호의를 얻을 수 있다면 이는 더 큰 행운이다. 사람들의 사랑을 받는 가장 확실한 길은 자신의 재능과 직무에서 탁월함을 보이는 것이다. 누구든지 만족시키면 그들이 그대를 다시 원하게 된다. 우리가 직위를 필요로 하는 것이 아니라 직위가 우리를 필요로 하게 된다. 그러나 그대의 후계자가 서툴러서 그대가 특출하게 보이는 것은 영예가 아니다. 이는 사람들이 그대를 다시 원해서가 아니라, 그대의 후계자를 싫어해서 그런 것이기 때문이다.

99
남의 과오를 들추지 마라

타인의 오명에 관심을 갖는 것은 자신이 오명을 갖고 있다는 증거이다. 어떤 사람들은 다른 사람의 과오로 자신의 과오를 덮거나 씻어 내려 한다. 아니면 그 속에서 위안을 찾는다. 하지만 이는 자신의 무지에 대한 위안일 뿐이다. 남들의 흙탕물 속에서 뛰어 놀면 자신의 몸이 더러워진다. 남의 과오를 들춰내더라도 그대의 과오가 적어지는 것은 아니다. 과실이 전혀 없는 사람은 없다. 그러나 유명하지 않은 사람들의 과실은 잘 알려지지 않는다. 유명한 사람들은 긴 그림자를 드리운다, 특히 태양이 질 때면. 인생에서 많은 것을 성취한 사람이라면 분명 많은 과오를 저질렀으리라. 현명한 사람이라면 남의 죄를 기록하고 들추지 마라. 그러면 겉은 좋은 사람이지만 속은 잔인하고 비열한 사람이 되고 만다.

100
모든 사람 속에서 바보로 있는 것이
혼자 현명하게 있는 것보다 낫다

흐름을 거스르지 않고 따라가면 인생은 그리 어렵지 않다.
만일 모든 사람들이 바보라면 그들 중 누구도 자신을 바보
로 여기지 않는다. 그러나 현명한 자가 한 사람만 있다면
그는 바보 취급을 받는다. 때로 최고의 지혜는 무지(無知)
속에, 또는 모르는 체하는 사람 속에 들어 있다. 사람은 다
른 사람들과, 그것도 대다수의 무지한 사람들과 함께 살아
야 한다. 혼자 살려면 신(神)이나 금수(禽獸)처럼 되어야 할
것이다. 다른 사람들 속에서 지혜롭게 사는 것이 혼자서 바
보로 사는 것보다 낫다. 그러나 자신을 바보로 만드는 데서
독창성을 추구하는 괴상한 사람도 있다.

|O|
인생에 필요한 조건을 두 배로 구비하라

그러면 생활 역시 두 배의 가치를 지닌다. 사람은 한 가지 일에만 의존하거나 한 가지 수단만 신뢰해서는 안 된다. 아무리 뛰어난 일도 그 일에만 매달리거나 국한해서는 안 된다. 사람은 모든 것을, 특히 성공의 조건, 좋은 의지, 만족 등을 곱절로 가져야 한다. 영원한 달도 그 모습을 수시로 바꾸는데, 인간의 연약한 자비심에 의존해야 하는 인생 속에서 사물의 모습은 얼마나 더 자주 바뀌는가. 그러니 이 처럼 깨어지기 쉬운 인생을 잘 이끌어 가기 위해서 우리는 사는 데 필요한 것을 곱절로 저장해야 한다. 자연이 우리의 신체에서 가장 위험에 노출된 팔과 다리를 둘씩 주었듯이, 우리는 인생에서 의지할 것들을 곱절로 갖추는 기술을 가져야 한다.

102
반항심을 일으키는 것은 어리석은 일이다

반항심은 참기 어렵다. 그러한 마음이 일어나지 않도록 모든 지혜를 짜내라. 모든 일을 어렵게 만들고 반항심을 드러내는 것은 예리한 정신에서 나올지 모른다. 그러나 때로는 무분별한 고집이라는 비난을 면치 못한다. 그런 사람들은 가볍고 유쾌한 유흥에서도 작은 싸움을 전쟁으로 확대시키고, 자기와 관계없는 타인들보다 자기 친구들을 더 적으로 만든다. 사람들의 호의가 우세한 곳에서는 눈앞에 발견한 약점들을 길게 늘어놓지 마라. 맛있는 음식이 검게 탔을 때 그 맛이 가장 쓰듯이, 어떤 일도 반박을 당할 때 그 여흥이 가장 쓰다.

103
자신에게 만족하라

늘 자신에게 만족했던 고대 그리스의 철학자 디오게네스는 죽을 때 자신 안에 모든 것을 갖고 있었다. 만약 그대가 로마 제국과 전 세계를 줄 수 있는 박학하고 만능인 친구를 원한다면 그대 스스로 이런 친구가 되도록 노력하라. 자신의 내면에 모든 것을 갖추고 있으면 겉으로 가진 것이 없어도 궁핍하거나 외롭지 않다. 그러면 사람은 남에게 의지하려고 안간힘을 쓰지 않고 혼자서도 살 능력이 있을 것이다. 자기 자신의 지혜보다 더 큰 지혜가 없고 자기 자신의 취향보다 더 올바른 취향이 없는데 누구를 더 아쉬워하겠는가. 자기 자신에게만 의존할 수 있을 때 최고의 존재와 비슷하게 될 것이고, 이는 최고의 행복을 의미한다.

104
경쟁자가 이미 좋은 쪽에 섰다고
고집을 부려 나쁜 쪽에 가담하지 마라

그것은 그대에게 패배만을 가져온다. 상대방이 재치 있게 좋은 쪽을 택해 한 발 앞섰다고 그에게 적대하기 위해 일부러 나쁜 쪽을 택하면, 처음부터 지는 싸움을 하는 것이며 그 결과는 치욕이 될지도 모른다. 나쁜 무기로는 결코 이길 수 없다. 그런 고집은 말보다 더 많은 위험이 따르는 행동에서는 치명적이다. 그런데도 어떤 사람들은 이런 진리를 깨닫지 못하고 억지로 상대방에 대항해 싸우려고만 한다. 인생은 고집쟁이 어린아이의 놀이터가 아니고 냉철한 판단이 요구되는 싸움터이다. 현명한 사람은 결코 감정의 편에 서지 않고 항상 올바른 편에 선다. 상대방을 좋은 쪽에서 쫓아내기 위한 유일한 방법은 자신이 먼저 좋은 쪽을 택하는 것이다.

105
진부해지는 것이 두려워 역설적이 되지 마라

대중과 섞이기 싫어서 과장과 역설을 선호하는 사람들이 많다. 진부함과 역설적인 것 둘 다 극단적으로 우리의 위신을 해친다. 처세훈에 어긋나는 모든 모험은 우발적인 행동에 가깝다. 역설은 처음에는 새롭고 짜릿한 맛으로 찬사를 받지만 그 속임수가 사라지고 약점이 드러나면 신뢰를 잃고 공허해진다. 그런 일이 국사(國事)에 있으면 국가를 파멸시킨다. 별난 사람이 되려 하지 마라. 탁월한 능력을 갖춰 지름길로 진정한 업적을 이루지 못하는 사람들, 감히 하지 못하는 사람들이 역설적으로 되곤 한다. 역설은 판단의 왜곡에서 나온다. 그래서 간혹 그 근거가 틀린 것이 아니더라도 불확실하기 때문에 인생의 중대사에는 큰 위험이 될 수 있다.

106
사물의 내면을 들여다보라

대부분의 사물은 그 외양과 내면이 판이하게 다르다. 그래서 그 표면만 보다가 내면을 꿰뚫어보게 되면 착각은 사라진다. 착각은 그 자체가 피상적이므로 언제나 맨 먼저 표면으로 뚫고 나와 사람들을 끌어당긴다. 진실하고 옳은 것은 뒤로 물러나 자신을 숨기고 시간을 무기 삼아 기다린다. 그래서 그대는 시간이 지나야 많은 것을 비로소 제대로 볼 수 있다. 사물의 진실을 정확히 판단하기 위해서는 시간과 통찰이 요구된다.

107
대화하는 기술을 지녀라

대화 속에서 사람은 자신의 성품을 드러낸다. 대화는 우리 일상에서 가장 흔한 것이지만 이보다 더 조심해야 할 것은 없다. 대화로 인해 사람은 얻기도 하고 잃기도 한다. 경험 있는 사람들은 타인의 혀 속에서 영혼의 맥을 발견한다. 그래서 소크라테스는 말했다.

"말하라, 그러면 나는 너를 볼 수 있다!"

어떤 사람들은 꾸밈이 없는 대화에 진짜 대화의 기술이 있다고 생각한다. 이는 친한 친구 사이에서는 가능하다. 그러나 존중해야 할 사람들과 대화할 때는 말하는 내용이 더 함축적으로 나타나야 한다. 이를 달성하려면 상대방의 기분이나 어조(語調)에 자신을 맞춰야 한다. 대화의 상대도, 상황도 늘 바뀌는 것이 대화의 어려움이다. 꼬투리를 잡고 비판을 일삼으면 상대방은 그대를 피하려 한다. 그래서 대화에서는 능변보다 순간의 사리분별이 더 중요하다.

108
자기 일을 돋보이게 할 줄 알아라

남들이 그대가 가진 것의 가치를 스스로 인식하리라고 기
대해서는 안 된다. 자신이 직접 그것을 분명하게 사람들 앞
에 드러내야 한다. 사물은 내적 가치를 가지고 있는 것만
으로는 충분하지 않다. 때로는 자신의 일에 스스로 멋있는
이름을 붙여 타인의 칭찬과 존경을 받는 것도 큰 기술이다.
그러나 거드름이나 과장은 피해야 한다. 또 자기가 칭찬하
는 일은 현명한 사람들만이 할 수 있다고 규명하는 것도 자
극제가 된다. 왜냐하면 일반 사람들은 자신들을 그런 사람
으로 간주하기 때문이다. 반면에 자기의 일을 결코 가볍거
나 평범한 것으로 알리지 마라. 그러면 그는 부담을 덜기보
다는 경멸의 대상이 될지도 모른다. 사람들은 흔하지 않은
것을 갈망한다. 그것은 취향에도 사고(思考)에도 더 매력적
으로 보이기 때문이다.

109
남과 격차가 큰 일에 뛰어들지 마라

만일 그것을 피할 수 없다면 앞사람을 능가할 만큼 탁월해
야 한다. 그에게 겨우 견줄 만큼 되기 위해서 그대의 가치
는 그의 곱절이 되어야 한다. 탁월한 선임자가 드리우는 그
림자는 길어서 그 그늘에서 벗어나기가 쉽지 않다. 뒷사람
이 우리를 존경하게 만드는 것이 좋은 일이듯 앞사람이 우
리를 능가하지 못하도록 유의하는 것도 현명한 일이다. 앞
서간 탁월한 인물을 따라잡기는 어렵다. 왜냐하면 지난 것
이 항상 더 좋아 보이므로. 또 앞사람과 똑같이 되기도 어렵
다. 왜냐하면 그가 먼저 기득권을 갖고 있기 때문에.

110
쉽게 믿지도 쉽게 사랑하지도 마라

정신의 완숙함은 서서히 생기는 믿음에서 드러난다. 안타깝게도 인생에서 거짓은 흔히 발견된다. 쉽게 이끌리는 자는 쉽게 경멸당한다. 하지만 상대방이 말을 할 때 의심이 가도 이를 알아차리게 해서는 안 된다. 그것은 말하는 사람을 당장 사기꾼으로 모는, 정중하지 못하고 모욕적인 일이다. 남을 믿지 못하는 자는 스스로 언제나 남을 불신하거나 남에 의해 불신당하는 사람으로 오인될 수 있다. 듣는 사람이 판단을 주저하는 것은 지혜롭다. 듣는 사람이 금방 호의를 보이는 것은 조심성 없는 짓이다. 쉽게 사랑에 빠지는 일은 거짓말을 믿는 것보다 더 조심해야 한다. 사랑은 말과 행동으로 나타나기 마련이다. 그러나 행동은 말보다 더 활성적이어서 행동이 어긋나면 그 위험이 더 크기 때문이다.

111
화낼 줄 아는 기술

가능하면 분별 있게 생각하여 천한 분노 같은 것은 드러내지 마라. 자신의 화를 통제하는 것은 이성 있는 사람에게는 어려운 일이 아니다. 화를 낼 경우 맨 먼저 필요한 것은 자신이 화내고 있음을 아는 일이다. 그 화가 어떤 효과를 가져올지 통찰하고, 어디서 화를 멈춰야 할지 추측하라. 화를 내는 척하지 말고 진심으로 화를 내라. 그러고 나서 더 이상은 나아가지 마라. 이 신중한 책략으로 언제 분노를 터뜨리고 언제 적절히 멈출지를 알아라. 어리석게 판단력을 잃은 듯 보이는 가운데서도 머릿속에 그 판단력을 지니고 있으면 현명한 것이다. 지나친 열정은 모두 우리의 천성인 이성에서 벗어나는 일이다. 자신의 열정을 통제할 줄 아는 자는, 자신의 이성의 주인이 되는 법이다.

112
친구를 스스로 선택하라

친구는 단지 끌리는 마음이 아닌 통찰에 의해서, 행복과 불행한 시간들을 거쳐 여러 차례 시험한 후에 선택해야 한다. 사람은 그 친구를 보고 평가한다. 현명한 사람이 바보와 공감을 느껴 친구로 삼는 일은 없으니까. 또 어떤 사람이 좋아지더라도 그와 절친한 친구 관계가 되는 것은 아니다. 이는 그의 능력을 신뢰해서라기보다 그와의 여흥에서 오는 호감일 수 있으니까. 우정에는 진실한 우정과 진실하지 못한 우정이 있다. 후자는 오락을 위한 것, 전자는 훌륭한 생각과 행동의 결실에서 오는 것이다. 한 명의 친구가 지닌 유능한 통찰은 다른 많은 사람들이 보여 주는 호의보다 더 쓸모가 있다. 그러니 우연에 맡기지 말고 자기 자신이 친구를 선택하라. 지혜로운 친구는 근심을 막아 주고 어리석은 친구는 근심을 가져다준다. 진정한 친구는 그대의 생각과 행동에 성공의 기반이 되어 준다.

113
사람에게 속지 마라

내면을 탐색하라. 사람에게 속는 것은 가장 쉬우면서도 가장 나쁜 일이다. 상품의 품질보다 차라리 가격에 속는 것이 더 낫다. 상품을 아는 것과 사람을 아는 것은 서로 상이한 일이다. 사람을 알려면 다른 것과는 달리 그의 내면을 들여다볼 줄 알아야 한다. 그의 감정의 깊이를 느끼고 그의 성격과 기질을 찾아내야 한다. 적은 사람과 교제하더라도 올바른 사람과 하는 것이 낫다. 그러기 위해서 다른 사람을 끊임없이 탐색해야 한다.

114
친구를 이용할 줄 알아라

여기서도 지혜가 필요하다. 어떤 친구는 멀리 있을 때 좋고 어떤 친구는 가까이 있을 때 좋다. 어떤 친구는 대화는 안 맞아도 서신 왕래에는 좋다. 친구라면 화합, 선함, 진실, 이 세 가지 속성을 지녀야 한다. 친구는 무엇보다 소중하지만 좋은 친구가 되는 사람은 적다. 게다가 선택할 줄 모르면 그 수는 더욱 적어진다. 친구를 보존하는 일이 얻는 것보다 더 소중하다. 오래가는 친구를 구하라. 새로 사귄 친구라도 오랜 친구가 될 수 있다는 희망을 가져라. 힘든 일을 함께 겪고 이겨낸 친구가 가장 좋은 친구다. 친구가 없는 것보다 더 큰 적막은 없다. 우정은 좋은 것을 같이 키우고 나쁜 것을 서로 나눈다. 이는 불행이 닥쳤을 때 견뎌 내는 유일한 수단이며, 지친 영혼에 주어지는 생명의 숨결이다.

115
지식과 인내심

지식이 많으면 인내심이 부족하기 쉽다. 지식이 늘면 성급
함도 늘기 때문이다. 지식이 풍부한 사람은 쉽게 만족하지
않는다. 그러나 에픽테토스(그리스의 철학자)는 말하기를,
최고의 처세훈은 참을 줄 아는 것이며 거기에 지혜의 절반
이 있다고 했다. 지식과 인내심을 함께 갖춰야 참으로 아는
자가 될 수 있다. 인내심은 그대 주위에 만연한 어리석음을
견디는 데도 도움이 된다. 우리는 가장 의지하는 사람들에
대해 종종 인내심을 가져야 한다. 이는 극기(克己)를 위한
좋은 연습이다. 참을 때 평화가 이루어지고 세상이 행복해
진다. 그러나 달리 참는 기질이 없는 사람은 자신 속에 도
피하라. 그러나 그 속에서도 결국 자기 자신을 견뎌 내야 하
는 일만은 피할 수 없으리라.

116

자기가 좋아하는 과실(過失)에서 벗어나라

완벽한 사람들도 그런 잘못은 갖고 있어 이를 공공연히 드러내 말하거나 그것과 은밀히 친한 사이가 되기 쉽다. 그런 과실은 때로 정신 속에도 들어 있다. 그대의 정신이 탁월할수록 그 과실도 더 눈에 띈다. 아무리 자기 자신의 과실이 마음에 들어도 이는 옷에 붙이는 장식 같은 것이 아니다. 과실은 정신의 완벽함에 묻은 오점이며, 자기 마음에 드는 만큼 남에게는 혐오스럽다. 자신의 다른 장점을 위해서는 그런 오점으로부터 용감히 벗어나야 한다. 누가 그런 과실에 부딪히면 사람들은 그의 칭찬할 만한 장점에는 입을 다물고 과실을 깊이 주시하면서, 다른 재능들을 비난하려고 벼르고 있기 때문이다.

117
경쟁자와 적에게 승리하는 적절한 비법

칭찬과 성공을 통해 질투를 극복하라. 적에 대한 진정한 승리는 그를 경멸하는 데 있지 않고 아량을 보이는 데 있다. 경멸하는 것으로는 충분하지 않다. 자신을 중상하는 사람을 좋게 말하는 사람은 최고의 찬사를 받을 만하다. 스스로 성공을 거둬 명성을 얻는 것이 적수를 이기고 그를 괴롭히는 가장 영웅적인 복수 방법이다. 그대가 새로 얻은 행운은 악의 있는 경쟁자의 목을 조이는 끈이다. 그대가 얻은 명성은 경쟁자에게는 모든 벌 중에도 가장 혹독한 벌이다. 그대가 얻은 행운에서는 독이 뿜어 나온다. 그래서 그 행운을 질투하는 상대방 경쟁자는 한 번만 죽는 것이 아니라, 찬사의 음성이 그대를 향해 울려 퍼질 때마다 죽는다. 한 사람이 얻은 불멸의 명성은 다른 사람에게는 영원한 고통이다. 그래서 전자는 영예 속에서 살고, 후자는 고뇌 속에서 운다.

118

불가능해 보이는 일이라도 시험해 보라

바람의 방향을 감지하기 위해 공중에 지푸라기를 날려 보라. 성공 여부가 불확실한 일은 미리 시험해 보라. 시험 결과에 따라 그 일을 진지하게 착수하거나 완전히 포기할 수 있다. 현명한 사람이라면 이런 시도를 통해 다른 사람들의 의도와 취향을 미리 타진하고 자신이 서 있는 기반이 확실한지 아니면 위태로운지 알 수 있게 된다. 자기 쪽에서 작은 소문을 흘리는 것도 한 가지 방법이다.

119
사람의 말과 행동을 구별하라

그러기 위해서 고도의 정확성이 필요하다. 다양한 친구들, 일반 사람들, 직무들을 구별할 때처럼 말과 행동을 구별할 때도 신중해야 한다. 거기에는 상당한 차이가 있으니까. 지혜로운 자는 좋게 말하고 좋게 행동한다. 먼저 좋게 말하고 뒤에 사람들이 그것을 더 좋게 말하도록 하는 것은 영리한 행동이다. 나쁘게 말하고 좋게 행동하는 것은 참을 만하다. 나쁜 말은 나쁜 행동이 따르지 않더라도 그 자체로 이미 나쁘다. 하지만 말은 좋아도 행동이 나쁘면 이는 가장 참을 수 없는 일이다. 한 번 쏟아 낸 말은 삼킬 수 없고 바람처럼 퍼져 막을 수 없다. 말은 행위가 따라야 한다. 그때서야 비로소 말의 가치가 살아난다. 잎사귀만 지닌 나무는 그 속이 비어 있다. 사람은 열매를 맺는 유용한 나무와 열매를 맺지 못해 그늘만 제공하는 나무를 구별할 줄 알아야 한다.

120
자기 자신을 도울 줄 알아라

큰 위험에 처했을 때 강건한 심장보다 더 좋은 동행자는 없
다. 심장이 약해지면 옆의 다른 기관들이 그것을 보조해야
한다. 자의식과 용기는 최고의 동맹자이다. 자신을 도울 줄
알면 어려움은 줄어든다. 사람은 누구나 어려움에 직면한
다. 자신의 운명에 굴복해서는 안 된다. 그러면 운명은 더
욱 더 견디기 힘든 것이 된다. 많은 사람들은 재난을 당했
을 때 자신을 잘 돕지 않는다. 참고 견딜 줄을 모르면 그 재
난은 곱절이 되어 돌아온다. 자기 자신을 알고 자신의 약점
도 보강하라. 지혜는 모든 것을 정복할 수 있다.

121
우둔한 사람이 되지 마라

그런 사람들은 모두가 허영에 빠져 있고, 거만하고, 고집스럽고, 변덕스럽고, 독선적이고, 극단적이고, 찌푸린 얼굴에 익살꾼, 험담꾼, 역설가, 이단자, 완전히 비뚤어진 머리를 가진 사람들이다. 이는 그대의 정신에 아무런 도움이 안 되는 과장된 속성들이다. 정신적인 기형은 육체적인 기형보다 더 추하다. 정신적 기형은 최상의 아름다움에 역행하기 때문이다. 어느 누가 그런 비뚤어진 것을 돕겠는가? 자신이라는 커다란 보호막이 없어지면 어떤 다른 사람도 좋은 인도를 할 수 없다. 비뚤어진 정신은, 남들이 자신을 조롱하리라는 생각 대신 그들에게서 찬사를 받으리라는 착각에 빠지게 한다.

122
호의(好意)를 남용하지 마라

훌륭한 후원자는 큰일이 일어날 때를 위해 있는 것이다. 작은 일에 큰 신뢰를 낭비하지 마라. 비상용 닻은 최후의 수단으로 사용해야 한다. 작은 목적을 위해 큰 것을 낭비해 버리면 미래에 남는 것이 무엇인가? 든든한 후원자와 그의 호의는 그대가 가진 가장 귀중한 자원이다. 오늘날 호의보다 더 값진 것이 없다. 호의는 세상을 세우기도 하고 무너뜨리기도 한다. 그것은 활력을 주기도 하고 빼앗기도 한다. 자연과 명성은 현명한 사람들에게 우호적이나 행운은 대개 그들을 시기한다. 그러니 위급할 때는 큰 재산을 가진 것보다 권력 있는 자의 도움을 받는 것이 더 중요하다. 후원자의 세력은 그대의 인생에 결정적인 영향을 미치며 그대를 도울 수 있다. 그러나 그것이 그대를 해칠 수 있다는 것도 잊어서는 안 된다.

무슨 일이든 감행하는 자와는 겨루지 마라

그럴 경우 말할 수 없이 심한 투쟁이 따른다. 상대방은 수
치심도 걱정도 없이 등장한다. 그는 모든 것이 끝장났고 더
이상 잃을 것도 희망도 없는 최악의 상태에 와 있기 때문이
다. 그래서 두려워하지 않고 어떤 철면피한 일에도 달려든
다. 그런 사람과 경쟁하는 것은 불공평한 싸움이다. 그런
끔찍한 위험에 자신의 소중한 평판을 내맡겨서는 안 된다.
그것을 얻는 데 수년이 희생되었지만 눈 깜짝할 사이에 잃
을 수 있다. 의무감과 명예심 있는 사람은 많은 것을 잃기
쉬우니 위신을 지켜라. 신중하게 일에 관여하고 착수할 때
는 조심하라. 비록 승리하더라도 싸움이 시작될 때 잃은 것
은 되찾을 수 없는 법이다. 적당한 때에 물러서 자신의 명
망을 안전하게 지킬 준비를 갖춰라.

조급하게 살지 말고 절제하며 인생을 즐겨라

매사를 적당히 나눌 줄 알면 인생을 즐길 수 있다. 많은 사람들은 인생보다 행운이 먼저 끝난다. 그들은 자신에게 다가온 행운을 기뻐하기보다는 그것을 망친다. 그리고 나중에 행운이 멀리 떠난 후에야 아쉬워한다. 그런 사람들은 인생의 기쁨이 다가오기도 전에 앞질러가 미래를 갉아먹는다. 평생 할 일을 하루에 다 끝내려고 한다. 그들은 성급하여 모든 것을 쉽게 끝장내 버린다. 절제는 삶에 기쁨을 준다. 사람은 지식을 갈구할 때도 정도를 지켜, 차라리 안 배우는 게 더 나은 것은 배우지 않도록 해야 한다. 우리가 살아야 할 날은 기쁨이 있는 날보다 없는 날이 더 많다. 그러니 일은 빨리 하되 여흥은 천천히 즐겨라. 후회조차도 조급하게 하지 마라. 그대는 오늘 뭔가를 후회하고 있는가? 그렇다면 내일까지 기다려 보라. 그때도 역시 그대가 후회하고 있는지를.

125
내실 있는 사람이 되라

성품이 온전한 사람은 내실 없는 공허한 사람들과 교류하는 것을 즐기지 않는다. 사람이 겉으로는 온전한 듯 보여도 모두 그런 것은 아니다. 오히려 믿을 수 없는 사람들이 더 많다. 그들은 망상을 잉태하여 기만을 낳고, 그들과 비슷한 부류의 사람들의 지원을 받는다. 그들은 불확실한 기만을 확실한 진실보다 선호하고 서로 속고 속인다. 거짓은 항상 실제보다 더 많은 것을 약속하기 때문이다. 그들은 주위에 비슷한 사람들을 끌어 모은다. 서로의 무지를 기뻐하고 거기에 찬사를 보낸다. 그 모든 것이 망상에 의한 공중누각이어서 반드시 땅에 떨어져 산산조각 나게 되어 있는데도. 오직 진실한 것만이 굳건한 명성을 유지한다. 오직 건실한 것만이 진정한 이익을 가져온다.

126
지나치게 허물없는 교제를 피하라

교제에서 상대방에게 너무 많은 신뢰를 주지도 말고 받지도 마라. 신뢰를 쏟아 부으면 그 탁월함을 잃고 만다. 자신의 완벽함을 남에게 주면 결국 자신에 대한 공경마저 빼앗긴다. 별은 우리와 어울리지 않고 멀리 높이 떠서 빛나기 때문에 그 찬란함을 유지한다. 신성하고 고독한 것은 경외심을 낳는다. 사람들에게 붙임성을 보이는 것은 경멸의 길을 터 주는 일이다. 세상사가 그렇다. 흔한 것일수록 경시되기 마련이다. 남에 대한 신뢰를 솔직히 드러내면 신중함이 덮고 있던 자신의 결점을 드러내게 된다. 사람들과 허물없이 지내면서 속마음을 다 보여 주지 마라. 자기보다 높은 자를 믿지 마라. 이는 위험하다. 자기보다 낮은 자를 믿지 마라. 이는 품위가 없다. 지나친 붙임성은 오히려 비천함과 닮아 있다는 사실을 잊지 마라.

127
지금 경쟁자가 하는 일을 함부로 본받지 마라

그대가 우둔하다면 현명한 자가 좋다고 생각한 것을 결코 따라 하지 않을 것이다. 왜냐하면 그대는 어차피 그 좋은 점을 발견하지 못할 테니까. 반대로 그대가 영리하다면 남이 이미 앞서 찾아내 준비한 일에 뒤늦게 뛰어들지는 않을 것이다. 경쟁자가 의도하는 것이 무엇인지 파악하라. 그대는 늘 사물을 경쟁자의 입장이 아닌 자신의 입장에서 바라봐야 한다. 그리고 무슨 일이 일어날까 생각하지 말고, 무슨 일을 할 수 있을까를 생각해야 한다. 경쟁자를 바삐 뒤쫓기보다 때로는 뒤로 물러서서 두뇌의 회전을 조금 늦추는 것도 괜찮다. 자신의 생각을 가다듬을 시간을 벌 수 있으니까.

128
진실을 말하되, 진실을 다 말하지는 마라

진실처럼 조심해야 할 것은 없다. 이는 심장의 피를 뽑아 내는 것과 같다. 심장의 피를 다 뽑아 내면 생명을 잃듯이 진실을 다 밝혀 버리면 명망을 완전히 잃을 수도 있다. 진실을 말할 줄 아는 것만큼 침묵할 줄 아는 것도 중요하다. 단 한 번의 거짓말로 책 잡을 데 없는 명성도 일시에 잃을 수 있다. 모든 진실을 다 말할 수 있는 것은 아니다. 때로는 우리 자신을 위해서, 때로는 다른 사람들 때문에. 그러니 상황에 따라 진실을 다 말해야 하거나 아니면 침묵해야 할 때가 있다. 만약 입을 연다면 거짓을 말해서는 안 된다.

129
약간의 대담성은 큰 지혜이다

다른 사람들도 인간이다. 그들에게 지나친 신뢰를 주지 않 듯 그들을 너무 겁낼 필요도 없다. 그러기 위해서 대담하 게 그들을 좀 낮춰보는 것도 좋다. 마음의 상상력이 두뇌의 판단보다 우세하지 못하게 하라. 인간성의 한계를 넘어서 는 사람은 아무도 없다. 모두가 결점을 갖고 있다. 어떤 사 람은 머리에, 어떤 사람은 마음에. 겉보기에 직분과 위엄은 훌륭하나 인격이 같이 따라 주는 경우는 드물다.

우리의 상상력은 늘 한 발 앞서 매사를 실제보다 훨씬 훌 륭하게 그린다. 그들은 사물을 실제 모습이 아니라 그들 이 원하는 모습으로 그려 낸다. 우리의 이성은 많은 체험 을 거쳐야만 그런 환상에서 벗어나 제자리로 돌아올 수 있 다. 그러니 대담성을 키우고 자신의 어리석은 상상력에 굴 복하지 마라.

130
의례적으로 행동하지 마라

소박하게 진심으로 행동하라. 제왕조차도 너무 의례적인 치레에 빠지면 우스꽝스럽다. 의례적인 것은 과장될 수 있다. 많은 사람들, 심지어 한 나라의 국민 모두가 이런 버릇을 갖고 있다. 특히 어리석은 자의 옷을 보면 갖가지 의례적이고 형식적인 장식물들로 기워져 있다. 의례적인 것에만 가치를 두는 사람은 스스로 약한 기반 위에 서 있음을 증명한다. 의례를 준수하는 것도 좋다. 그렇다고 거창한 의전(儀典)이 될 필요는 없다. 고결한 사람일수록 어떤 의례도 형식도 필요 없는 뛰어난 미덕을 지닌다. 어떤 의례적인 것도 진심에서 우러나와야만 한다. 작은 의례나 형식에 매이는 사람은 스스로 별 볼 일 없음을 드러내는 것과 같다.

131
자신의 명예를 단 한 번의 시험에 걸지 마라

만약 일이 실패하면 그 피해는 메울 수 없다. 한 번쯤, 그 것도 맨 처음엔 실패할 수도 있다. 그러나 시간과 기회가 늘 오지는 않는다. 그래서 '매사에는 때가 있다'는 말도 있지 않은가. 첫 번째 시험을 경험 삼아 두 번째 시험은 좀 더 안전을 기하라. 첫 번째 시험이 성공하든 실패하든 두 번째 시험을 위한 교두보가 되게 하라. 첫 번째 시험이 실패했으면 거기서 교훈을 얻고, 성공했다면 두 번째 시험은 더 성공하게 하라. 두 번째 시험이 실패하면 이미 첫 번째 시험만으로도 성공한 것이다. 한 번의 시험에 만족하지 말고 항상 더 나은 방법을 찾아 더 나은 재원을 써라. 이렇게 해서 좋은 것에서 더 좋은 것을, 많은 것에서 더 많은 것을 얻을 수 있다.

132

좋은 소식을 전하는 사람이 되라

그러면 우리에 대한 평판이 좋을 수밖에 없다. 사람들은 우리가 다른 데서 가장 좋은 것을 가릴 줄 알고 또 여기에 와서 남들 앞에서 그것을 높이 평가할 줄 안다고 생각하게 된다. 그리하여 우리는 좋은 대화의 소재를 갖게 되고, 사람들이 훌륭한 것을 들어 따르고 발전시키도록 권장할 수 있다.

그러나 늘 나쁜 소식만 전하는 사람, 눈앞에 있는 사람들 앞에서 없는 사람을 헐뜯기 좋아하는 사람이 있다. 천박한 사람들은 다른 사람에 대해 비방하는 것이 얼마나 간교한 일인지 알지 못한다. 또 자신이 나중에 쉽게 그런 비방의 대상이 되리라는 것도 눈치 채지 못한다.

133
다른 사람들에게 부족한 것을 이용하라

이는 그들의 욕구가 크면 클수록 관심을 돌리는 데 더 효과적인 도구이다. 철학자들은 결핍이나 욕구는 하찮은 것이라고 말하지만 정치가들은 그것이 인간의 전부라고 말한다. 후자가 인간을 더 잘 이해한 것이다. 많은 사람들은 남들이 갈망하는 것에서 자신의 목적을 달성하는 계기를 만들 줄 안다. 영리한 사람들은 남들이 소유했을 때보다 욕구할 때의 열정이 더 큰 것을 알고 이를 이용한다. 결핍이 크면 클수록 충족감도 더 크고, 난관이 크면 클수록 소망도 더 커지니까. 현명한 사람은 자신의 목적을 달성하기 위해 남들을 자신에게 의존하게 만드는 기술을 갖고 있다. 이 오래된 권력의 유희를 간파하는 자만이 언제든 다시 자신이 원하는 것을 획득할 수 있다.

제4부
(134~202)

우리가 갖고 있는 것의 대부분과 최선의 것은
남들의 의사에 달려 있다. 어떤 사람은 스스로
정의와 이성을 갖고 있는 것으로 만족한다.
그러나 이것도 다른 사람들의 도움 없이는
무용지물이다. 남에게 보이는 친절과 관심은
돈이 안 들면서도 많은 도움이 된다.
사람은 말을 가지고 행동을 산다. 세상이라는
이 거대한 집 안에서 쓸모없는 것은
아무것도 없다. 가치가 아무리 적은 물건이라도
아쉬울 때가 있는 법이다.

134
매사에 위안을 찾으라

가장 하찮은 사람들조차 자신이 영원히 살 수 있으리라는 데서 위안을 찾는다. 어떤 근심에서도 위안을 찾을 수 있다. 어떤 위기 속에도 새로운 기회는 들어 있고, 어떤 폐해도 또 다른 장점을 갖고 있다. 실패도 인생의 좋은 교훈이 될 수 있다. 미인은 박명하고 추한 여자가 오래 사는 것도 후자에게는 또 다른 위안이다. 오래 살려면 사는 데 별로 쓸모없는 것이 오히려 도움이 된다. 어리석음은 행복을 가져다주므로 위안이 된다. 질 나쁜 그릇은 잘 깨지지 않고 수명이 길어 역겨움을 불러일으킬 정도다. 운명은 탁월한 사람을 질투하는 것 같다. 많은 책임을 진 사람들의 삶은 빨리 끝나고 곧 슬픔을 맞으나, 하릴없는 사람들은 오래오래 산다. 전자는 그렇게 보이고, 후자는 사실이 그렇다. 인생에서 겉으로 행운의 손길이 닿지 않아 하찮아 보이는 사람들은 죽음의 신에게도 잊힌 듯이 보인다.

135
겉치레만 화려한 예절에 만족하지 마라

예절은 속임수가 될 수 있다. 우아함과 아름답게 치장된 말들이 넘쳐나는 곳에는 온갖 약속도 넘쳐난다. 그러나 지켜지는 약속은 하나도 없다. 진실한 예절은 의무처럼 행해야 한다. 과장해서 꾸민 예절은 쓸모없는 기만일 뿐이다. 이는 타인을 존중하는 것이 아니라, 자기 발밑에 종속시키는 수단에 불과하다. 겉치레의 예절, 아름다운 말에 현혹되지 마라. 예절은 꼭 필요한 곳에서만 보여라. 어떤 사람에게 경의를 표시하는 것은 그 사람 때문이 아니라 그 사람이 사용한 수단 때문이고, 어떤 사람에게 찬사를 표시하는 것은 그 사람의 품성 때문이 아니라 그 사람에게서 얻을 이익 때문이다.

136
평화롭게 사는 자가 오래 산다

살고 싶으면 그냥 살게 내버려 두라. 평화로운 사람은 스스럼없이 살 뿐 아니라 잘 극복하며 산다. 보고, 듣고 그리고 자기와 상관없는 일에 침묵을 지키기 때문이다. 자기 집 앞의 문지방이나 쓸어라. 낮에 싸움이 없으면 밤에 조용히 잘 수 있다. 조용히 사는 것이 걱정 없이 오래 사는 길이다. 그것은 평화의 결실이다. 자기와 상관없는 일에서 아무것도 얻지 않으면 모든 것을 얻는다. 매사에 마음을 쓰는 것처럼 바보스러운 것은 없다. 그러니 진정 자기와 상관있고, 자기에게 중요하고, 자기가 책임질 일에만 마음을 써라.

137
다른 사람들의 문제를 떠맡지 마라

교활함에 맞서는 최고의 수단은 조심하는 것이다. 자신의
일에서 발뺌하기 위해 다른 사람에게 일을 떠넘기는 사람
들이 있다. 교활한 책략을 냄새 맡으려면 민감한 코가 있어
야 한다. 타인들의 문제를 선뜻 떠맡아서는 안 된다. 그들
의 의도를 꿰뚫어보라. 그것을 눈치 채지 못하는 자는 상대
방의 간계를 알 길이 없어 매번 발을 내디딜 때마다 더 깊은
함정에 빠진다. 불 속에서 자신의 손을 데여 가며 다른 사람
에게 이익이 되는 것을 끄집어내 오기 위해서.

138
자신을 파악하고 자신의 목적에 대해
현실주의자가 되라

누구나 자신을 고상하게 여긴다. 누구나 자신의 행복을 꿈꾸고 자신을 경이로운 존재로 여긴다. 희망은 경험이 성취하지 못하는 허황된 약속을 해 준다. 그런 상상은 현실에 의해 깨어지면 고통의 근원이 되고 만다. 지혜로운 자는 그런 착각을 미리 예견하고 이에 거리를 두고 인생을 살아간다. 그는 항상 최선의 것을 희망하지만, 최악의 것도 늘 예상한다. 어떤 일이 일어나도 평정을 유지하기 위해서. 화살이 맞힐 목표를 좀 높이 정하는 것은 좋다. 그러나 너무 높게 잡아 그로 인해 화살이 완전히 빗나가게 해서는 안 된다. 인생을 새로 시작할 때 또는 어떤 계획을 수행할 때 자신을 과대평가하는 것이 가장 위험하다. 허황된 어리석음을 방지하는 최고의 만병통치약은 통찰이다.

139
자기의 행운의 별이 어떤 것인지를 알아라

누구나 행운의 별을 갖고 있다. 누구나 행복해질 수 있다. 어떤 사람이 불행하다면 그건 자신의 별을 알지 못하기 때문이다. 어떤 사람들은 이유 없이 통치자나 세력가의 은총을 입는다. 운명이 그들을 도와주었기 때문이다. 여기서 그들이 기울인 노력은 운명의 보조 역할을 했을 뿐이다. 어떤 사람들은 현인의 은총을 입는가 하면, 직위나 신분에서 남들보다 운 좋은 사람들이 있다. 운명은 언제 어디서든 마음 내키는 대로 인간의 행복과 불행의 카드를 뒤섞을 수 있다. 그러니 자기 재능뿐 아니라 자신의 행운의 별도 알아야 한다. 그 별을 따르고 도우면서 그것이 다른 별들과 뒤바뀌지 않도록 조심하라. 이는 북두칠성의 다른 별들을 쫓느라 그 곁에 있는 북극성을 발견하지 못하는 것과 같다.

140
어리석은 사람을 떠맡지 마라

누가 어리석은 사람인지 모르는 사람은 스스로 바보이다. 알면서도 그들로부터 자신을 멀리하지 못하는 사람은 더 바보다. 아무리 재미있어도 어리석은 사람과 피상적으로 교제하면 위험하고, 신뢰하며 교제하면 치명적이다. 그들의 어리석음은 언젠가는 그대를 강타할 것이다. 비록 그들이 한동안 조심하고 남들이 곁에서 신중하게 도와줘도 어리석은 사람들은 결국에는 어리석은 짓을 저지르고 만다. 그러나 어리석은 사람들에게도 한 가지 나쁘지 않은 것이 있다. 즉 현명한 사람은 우둔한 사람에게 도움이 안 되지만 우둔한 사람은 현명한 사람에게 큰 소용이 되는 법이다. 현명한 사람은 우둔한 사람을 보고 깨달음에 이르고, 다른 한편으로 그를 본보기 삼아 자신을 훈련할 수 있기 때문이다.

|4|
주제넘지 말고 지혜로써 자기 자리를 마련하라

덕망으로 열심히, 분별 있게 행동하라. 높은 명망을 쌓는 참된 길은 업적을 쌓는 것이다. 근면과 성실이야말로 진정한 가치의 근원이다. 이를 통해서만 가장 빨리 명성을 얻을 수 있다. 흠잡을 데 없는 온전함만으로는 충분하지 않다. 또 무턱대고 애만 쓰고 추진해 봐야 가치가 없다. 그렇게 이룩한 명성은 흙탕물을 맞아 오히려 상하기 쉽다. 진정한 명성을 얻는 길은 중도(中道)를 지키는 데 있다. 바로 자기가 원하는 곳에 자리를 마련하고, 우월함이 아닌 성실한 업적을 통해 그 자리로 다가가는 방법이다.

142
어리석어 보이는 사람들은 모두 어리석고
그렇지 않아 보이는 사람들도 절반은 어리석다

세상은 어리석은 사람들로 가득 차 있고, 혹 그 안에 지혜가 있더라도 이는 천상의 지혜와 비교하면 어리석음에 불과하다. 그러나 진짜 바보는 자신은 바보가 아니고 남들이 바보라고 생각하는 사람이다. 진짜 현명한 사람은 현명하게만 보여서는 안 된다. 특히 자기 자신에게 그렇게 보여서는 더욱 안 된다. 자기가 안다고 생각하지 않는 사람이 진정으로 아는 사람이다. 다른 사람들이 보는 것을 보지 못하는 사람은 통찰력이 없는 사람이다. 세상은 어리석은 사람들로 가득 차 있지만, 자기가 그중 하나라고 생각하거나 한 번이라도 의구심을 갖는 사람은 너무도 적다.

143
도처에 천박한 사람들이 있음을 알아라

뛰어난 가문에도 천박한 사람들이 있다. 어느 집안에서도 어느 단체에서도 그런 사람들을 찾아 볼 수 있다. 하지만 이들보다 더 천박하고 더 비열한 무리들이 있다. 이 괴이한 사람들의 성품은 언뜻 보통 사람들과 비슷해 보인다. 마치 깨진 거울 조각들이 모여 완전한 거울처럼 보이듯이. 그러나 이들의 존재는 더욱 해롭다. 그들은 어수룩하게 말하고 무례하게 질책한다. 무지의 제자이고 어리석음의 후원자이며 험담의 동맹자들이다. 그런 사람들의 말을 대수롭게 여기지 마라. 그들의 생각은 별것 아니다. 어리석은 것은 모두 천박한 오합지졸 같은 것. 오합지졸은 늘 어리석은 사람들로 구성되어 있다. 그러나 그들의 천박함과 어리석음에서 벗어나려면 그들을 알아야 한다.

144
스스로 자제하라

불행이 다가올 때를 생각해야 한다. 사람은 오랜 시간 평정을 지녔을 때보다 한순간의 분노와 기쁨에 의해 더 큰 변화를 겪는다. 대개는 더 큰 위험에 빠질 수 있다. 한순간의 일에 제대로 대응하지 못하면 평생의 수치가 될 수 있다. 때로 타인의 악의(惡意)는 그대의 이성을 그런 식으로 시험한다. 그것은 그대의 정신 깊은 곳을 탐지해 내고, 뛰어난 분별력마저 궁지로 몰 수 있는 계략을 꾸민다. 그들은 마치 대수롭지 않은 듯이 한마디를 내뱉지만 듣는 사람은 이를 심각하게 여긴다. 그들은 그대가 판단력을 잃기를 바란다. 그 함정에 빠지지 않으려면 자제력이 필요하다. 특히 예상치 못한 일에 부닥쳤을 때는. 열정은 파멸에 이르는 빙판과 같다. 타인의 질풍 같은 공격에 대해서는 서두르지 말고 의연하게 막아라. 타인의 분노에 찬 공격에 대한 최선의 방어는 침묵이다.

145
바보처럼 죽지 마라

너무 많이 생각하지 마라. 대개 현자들은 분별력을 잃으면 사그라지고 만다. 반면 바보들은 너무 많은 충고를 들으면 죽는다. 바보처럼 죽는다는 것은 너무 많은 생각에 눌려 죽는 것을 말한다. 어떤 사람들은 생각하고 느끼기 때문에 죽고, 어떤 사람들은 생각 안 하고 느끼지 못하기 때문에 산다. 후자는 고통 없이 죽기 때문에 바보요, 전자는 고통으로 죽기 때문에 바보다. 너무 아는 것이 많아 죽는 사람도 바보다. 어떤 사람들은 아는 것이 많아서 죽고, 어떤 사람들은 아는 것이 없어서 산다. 그러니 조금 덜 알고 조금 덜 느끼고 조금 덜 머리를 썩이면 그대는 오래 살 수 있다. 많은 사람들이 바보처럼 죽지만, 아직도 진짜 바보들은 많이 남아 있다.

146
대중의 어리석음으로부터 자신을 지켜라

다른 사람들의 편견으로부터 벗어나라. 이는 진실로 현명한 일이다. 대중의 어리석음은 널리 퍼져 있어 그 세력이 크다. 자기 개인의 어리석음을 피하는 자도 일반 대중의 어리석음을 피하기는 어렵다. 대중의 어리석음은 천박한 편견을 갖고 있다. 그것은 아무리 자기의 운명이 좋아도 이에 만족하지 못하고, 아무리 자기의 분별력이 나빠도 이에 만족하는 것과 같다. 그래서 어리석은 사람들은 자기 것에 만족하지 못하고 남의 것을 부러워한다. 오늘을 사는 사람들은 어제 지난 일을 칭찬하고, 여기 있는 사람들은 여기 없는 것을 더 칭찬한다. 지난 것은 다 좋아 보이고 멀리 떨어진 것은 더 소중해 보인다. 매사를 비웃는 자는 매사를 슬퍼하는 자와 마찬가지로 바보다.

147
진실을 다룰 줄 알라

진실은 위험한 것이다. 그래도 정의로운 사람은 진실을 말하는 것을 중단하지 않는다. 그러니 이를 다루는 탁월한 기술이 필요하다. 정신을 다루는 의사는 진실이라는 약을 달콤하게 만드는 법을 생각한다. 만일 그것이 잘못되면 진실은 가장 쓴 약이 될 수 있으므로. 같은 진실도 어떤 사람에게는 아첨이 되고 어떤 사람에게는 호된 아픔이 된다. 진실을 알릴 때는 마치 오늘의 일을 오래 전에 지난 일처럼 다뤄야 한다. 진실은 호의적으로 전할 수 있다. 진실을 이해하는 사람에게는 눈 한 번 깜박이는 것으로도 통한다. 그러나 어떤 식으로 말해도 통하지 않을 때는 입을 다물고 침묵하라. 특히 세력이 강한 자 앞에서는. 왕자는 쓴 진실보다 달콤한 진실을 즐겨 듣기 때문이다. 진실의 카드를 꺼내들 때는 가장 적은 실망과 가장 큰 호응을 얻는 방법을 함께 갖춰야 한다.

148
좋은 결과가 중요하다

천상에는 오직 기쁨이, 지옥에는 오직 고통이, 그 중간인 세상에는 두 가지 모두 있다. 운명은 늘 바뀌니 늘 행복한 것도 늘 불행한 것도 없다. 이 세상은 무(無)이다. 그 자체로는 아무 가치가 없고, 오직 우리 마음속에 간직한 천상과 더불어 생각할 때만 가치가 있다. 피할 수 없는 운명의 뒤바뀜에 평온한 자는 지혜로운 자다. 새로운 것은 현자의 관심사가 아니다. 우리의 인생은 연극과 같다. 막이 오르고 나면 얽히고설키며 발전해 간다. 그러다가 그 뒤얽힘은 서서히 해결되어 간다. 그러니 우리 인생의 막이 내릴 때 좋은 결과로 끝나도록 마음을 써라.

149
기술의 정수는 자신만 알고 있어라

이것은 탁월한 스승이 제자에게 기술을 전달할 때도 지켜야 할 규칙이다. 사람은 어느 분야에서든 항상 남보다 뛰어나고 대가(大家)로 남아야 한다. 남에게 기술을 전달할 때도 교묘하게 해야 한다. 결코 그 가르침의 원천을 다 바닥내서는 안 된다. 마지막 최고의 지식은 자신만이 지녀야 한다. 그래야 자신의 명망을 지키고, 타인들의 의존하는 마음을 유지할 수 있다. 남들의 마음을 사고 그들을 가르칠 때도 그 규칙은 꼭 지켜야 한다. 늘 경탄하게 만들고 늘 완벽함을 지녀라. 매사에 여분을 두는 것은 인생의 큰 처세술이다. 이기기 위해서 그리고 남보다 높은 지위에 있기 위해서.

150
적당히 반박할 줄 알라

이는 무엇을 탐색하는 데 중요한 기술이다. 자기가 말려들지 않고 남을 말려들게 하는 방법이다. 남의 열정을 움직이게 하는 효과적인 도구이다. 남이 흘리는 말을 대수롭지 않게 여기는 듯한 술책은 남의 마음속에 감춰진 비밀을 캐낸다. 과묵한 사람도 이 술책에 말려들면 입을 연다. 신중한 자가 짐짓 지어 내는 소극적 태도는 남들의 주의를 빼앗고 결국은 그들의 생각을 캐낸다. 일부러 의심을 보이는 것도 상대방의 호기심을 자극하고 이용하여 원하는 것을 얻어 낼 수 있는 보조 수단이다. 때로는 교사에게 반박하는 것도 배우는 학생에게 좋은 술책이 된다. 교사는 열중한 나머지 자신도 모르게 학생을 진리의 더 깊은 곳으로 안내하기 때문이다. 즉 적당히 반박하면 완성된 가르침을 얻을 수 있다.

하나의 과오에서 또 다른 과오를 낳지 마라

한 가지 어리석음을 개선하려고 네 가지 다른 어리석은 짓을 저지르거나, 한 가지 과오를 보상하려고 더 많은 과오를 저지르는 경우가 종종 있다. 과오를 방어하는 것은 나쁜 일이다. 그러나 과오보다 더 나쁜 것은 그 과오를 감추지 못하는 일이다. 과오는 분별 있는 사람도 저지를 수 있다. 특히 시간이 없어서 충분히 생각하지 못할 때 그렇다. 그러나 같은 과오를 두 번 저질러서는 안 된다. 많은 사람들은 한 가지 과오를 만회하려다 또 다른 과오를, 때로는 수많은 과오를 저지른다. 그러니 나쁜 일을 방어하려는 것이 나쁜 일 자체보다 더 위험하다. 하나의 과오를 저질렀으면 차라리 그대로 내버려 두라. 그 과오의 파급이 사라질 때까지.

152
진짜 의도를 감추는 자를 조심하라

공격하기 전에 상대방의 의지를 마비시키는 것은 능란한 협상자들의 술책이다. 이에 속아 넘어가면 질 수밖에 없다. 그들은 의도하는 바를 얻기 위해 자기들의 진짜 의도를 감춘다. 처음에는 그대가 수긍할 제안만을 내세우고 협상의 마지막에 가서 진짜 의도를 드러낸다. 의중에 또 다른 의도를 갖고 접근하는 자를 조심하라. 그리고 그가 진짜 의도를 관철하려고 내세우는 변명을 조심하라. 하나는 진짜이고 하나는 가짜이다. 그들은 다른 일에 관심을 보이는 척하다 갑자기 몸을 돌려 과녁의 중심을 맞힌다. 그런 자에게 먹히지 않기 위해서는 신중해라. 그의 의도가 깊이 숨겨져 있을수록 그대는 깨어 있어야 한다. 무엇을 양보하고 무엇을 양보하지 않을 것인지 미리 간파하라. 그리고 때로는 자신이 그의 술책을 파악하고 있음을 암시하는 것도 적절한 대응법이다.

153
영원히 사랑하지도 영원히 미워하지도 마라

오늘 신뢰하는 친구가 내일은 적이, 그것도 가장 나쁜 적이 될 수 있음을 염두에 두라. 이는 실제로 일어날 수 있으므로 그대의 마음에도 예방책을 쌓아라. 우정의 변절자에게 무기를 주어 그가 나중에 피비린내 나는 싸움을 걸어 오지 않도록 조심하라. 반면에 예전의 적에게는 늘 화해의 문을 열어 두라. 그것도 가장 안전한 관용의 문을. 너무 일찍 복수를 하여 뒤에 고통을 받는 사람들이 많다. 과거 우정의 변절자에게 나쁜 보복을 가해서 얻는 기쁨은 얼마 안 가서 비탄으로 변한다.

154

사자 털을 걸칠 수 없으면 여우 털이라도 걸쳐라

제왕과 같은 위엄과 명망을 얻을 수 없으면 작은 위신과 작은 평판을 얻는 길을 택하라. 자신의 계획을 관철하는 사람은 결코 명망을 잃지 않는다. 힘으로 안 되면 수완으로 해야한다. 이 방법이 안 되면 저 방법을 쓰라. 용기의 대로(大路)를 갈 수 없으면 술책의 옆길을 가라. 힘보다 술책이 더 많은 것을 달성해 왔다. 용기보다 기민함이 더 많은 것을 정복해 왔다. 그러나 결국 어떤 일을 달성할 수 없으면 차라리 그 일을 경멸하라. 이는 이길 수 없는 곳에서 자존심을 상하지 않고 조용히 물러서는 또 하나의 수완이다.

155
남을 자극하지 말고 남의 자극에 흔들리지 마라

모든 일에 뛰어들어 휘청거리며 자신도 남들도 놀라게 하는 사람들이 있다. 그들은 어리석음의 표본이다. 그런 사람들은 만나기 쉽고, 그들에게서 벗어나기는 어렵다. 그런 사람들은 매일 수십 가지 문제에 부딪치고, 늘 기분이 나쁘고, 쉽게 자극받고, 모든 것을 저주한다. 그들은 스스로 아무것도 이루지 못하면서 남들에 대해 나쁘게 말한다. 그런 사람들의 일에 상관하지 말고 몸을 삼가라. 그대의 현명함이 흔들리지 않도록.

삼가는 것이 현명하고 안전한 길이다

혀는 야수와 같다. 한 번 고삐가 풀리면 다시 잡아매기는 지극히 어렵다. 혀는 정신의 맥박으로, 지혜로운 사람은 그 것으로 자신의 건강함을 드러낸다. 신중한 사람은 다른 사람의 혀의 놀림으로 그의 마음속 움직임을 간파할 수 있다. 혀를 가장 삼가야 할 사람이 그러지 못할 때가 가장 나쁘다. 현명한 사람은 자신의 근심이나 당혹감을 말로 드러내지 않고 자제한다. 그는 조심스럽게 피해서 자신의 길을 간다.

157
별난 사람인 체하지 말고
경솔하게 그렇게 보이지도 마라

어떤 사람들은 괴상한 행동으로 눈에 띈다. 제정신이 아닌 태도 같은 것이 그렇다. 이는 특출한 것이 아니라 다른 사람과의 교제를 해치는 결점이라는 사실을 알아야 한다. 외모가 특히 추해서 알려지는 사람들이 있듯이 태도가 특히 상스러워 알려지는 사람들도 있다. 남의 관심을 끌려고 별나고 괴상한 태도나 행동을 보이는 것은 오히려 남들의 비웃음과 악의를 불러온다.

158
늘 친절하게 대하고 관심을 보여라

대부분 사람들은 실제 그들의 모습대로, 또는 하고 싶은 대로 말하고 행동하지 않고 남들이 원하는 대로 한다. 다른 사람과의 교제는 우리가 생각하는 것보다 중요하다. 우리가 갖고 있는 것의 대부분과 최선의 것은 남들의 의사에 달려 있다. 어떤 사람들은 스스로 정의와 이성을 갖고 있는 것으로 만족한다. 그러나 이것도 다른 사람들의 도움 없이는 무용지물이다. 남에게 보이는 친절과 관심은 돈이 안 들면서도 많은 도움이 된다. 사람은 말을 가지고 행동을 산다. 세상이라는 이 거대한 집 안에서 쓸모없는 것은 아무것도 없다. 가치가 아무리 적은 물건이라도 아쉬울 때가 있는 법이다. 사람들과의 교제는 많고 다양할수록 좋다. 언젠가는 가장 하찮은 관계도 그대에게 도움이 될 수 있으니까.

159
첫 번째 인상에 쏠리지 마라

처음 받은 인상의 노예가 되지 마라. 어떤 사람들은 귀에 들어오는 첫 번째 소식만을 믿고 그 다음에 오는 소식에는 무관심하곤 한다. 그러나 거짓은 늘 앞서가니 우리가 받은 첫인상은 틀리기 쉽고, 뒤따르는 진실에게는 관심을 쏟을 여지가 없어진다. 첫 번째 소식으로 우리의 육안도 오성의 눈도 멀게 해서는 안 된다. 사악한 마음을 가진 사람들은 쉽게 믿는 사람들을 자기 편으로 끌어들이려고 부지런히 움직인다. 첫인상에 굴복하는 것은 능력 부족을 말해 주는 것으로, 현명한 분별력이 아닌 나쁜 열정에서 나온다. 그러니 항상 두 번째, 세 번째 소식에도 마음의 문을 열어 놓아라. 알렉산더 대왕도 첫 번째 전령이 오고 난 후 두 번째 세 번째 전령을 기다리며 귀를 열어 놓았다.

160
험담을 하지 마라

험담가라는 인상을 주지 마라. 험담하는 사람은 남의 명예를 더럽히는 사람이라는 오명을 산다. 남을 교활하게 희생시키려 하지 마라. 이는 혐오스럽다. 많은 사람들은 적에 대한 험담으로 그에게 복수하려 한다. 험담하는 사람의 수가 많으면 그는 굴복하게 되고 만다. 그러나 남을 험담하는 사람 역시 남으로부터 험담을 듣는다. 나쁜 것은 우리의 기쁨이 되거나 관심의 대상이 되어서는 안 된다. 혹시 누가 그런 험담가에게 말을 걸어 와도 그의 지혜를 존중해서가 아니라 그의 조소에 재미를 느껴서이다. 남을 중상하는 사람은 영원히 미움을 받는다. 나쁜 것을 말하는 사람은 더 나쁜 것을 듣게 되기 때문이다.

161
제때에 눈을 떠라

본다고 다 개안(開眼)을 갖고 있는 것은 아니다. 자기 주위를 둘러본다고 다 보는 것은 아니다. 눈앞에 일어난 일을 뒤늦게 깨달으면 남은 것은 후회할 시간뿐이다. 어떤 사람들은 더 이상 볼 것이 없을 때에야 비로소 보기 시작하여 제대로 사람이 되기 전에 자신도 가정도 다 망쳐 놓는다. 의지가 없는 사람에게 이해를 심어 주기는 힘들다. 이해를 못하는 사람에게 의지를 심어 주기는 더욱 어렵다. 제대로 보려 하지 않고 제대로 볼 줄 모르는 사람은 다른 사람들의 놀이 도구와 조소의 대상이 된다. 그들이 제대로 못 보는 것은 제대로 들으려 하지 않기 때문이다. 그런 어리석은 사람을 어둠 속에 둔 채 이용하려는 사람들은 세상에 많다. 그러나 이런 어리석은 사람에게 의존하는 사람들이야말로 불행한 사람들이다.

162
절반만 완성된 일을 결코 남에게 보이지 마라

그대의 작품을 다 완성되었을 때만 세상에 드러내라. 시작 단계에 있는 일은 아직 형상을 갖추지 못하고 있으며, 이는 우리의 상상력 속에 쉽게 남는다. 무엇을 미처 완성되지 못한 단계에서 보면 그 기억은 오래 남아, 비록 완성되더라도 그 완성의 묘미를 깬다. 위대한 사물은 단 한 번에 그 완벽함을 보여 줘야 한다. 그러면 세세한 부분에 대한 판단은 흐려져도 그 완성미에 대한 취향은 만족한다. 어떤 일은 완성되기 전에는 아무것도 아니다. 그러니 훌륭한 대가(大家)는 아직 맹아 상태에 있는 자신의 작품을 결코 보이지 마라. 자연 속에서 교훈을 배워라. 자연은 아직 보일 단계에 있지 않은 사물을 결코 빛 속에 드러내지 않음을.

163
약간은 장사꾼 기질을 지녀라

인생은 생각만으로는 되지 않는다. 행동이 뒤따라야 한다. 조금은 거래할 줄 알아야 한다. 현명한 사람은 오히려 보통 사람에게 속기 쉽다. 그들은 뛰어난 것은 잘 알지만 일상을 사는 데 필요한 일에는 어둡다. 너무 고상한 것만 쳐다보느라 하찮은 일에 마음 쓸 시간이 없기 때문이다. 살면서 맨 먼저 알아야 할 일, 남들은 다 아는 일을 모르고 있으면 일반인들의 경탄 대상이 되거나 아니면 경멸의 대상이 되기 십상이다. 그러니 현명한 사람도 적당히 실생활의 지식을 지니고, 또 속거나 비웃음당하지 않을 정도의 장삿속을 지녀야 한다. 그러면 일상에도 잘 적응할 수 있다. 이는 그대의 인생에서 최고의 것은 아닐지라도 가장 필요한 것이기 때문이다. 실제 활용할 수 없는 지식이 무슨 쓸모가 있겠는가? 인생을 사는 지혜가 오늘날 필요한 참된 지혜이거늘.

164
남의 취향을 놓치지 말고 파악하라

무엇이 다른 사람의 마음에 들지 찾아 보아라. 그러지 않으면 그들을 기쁘게 해 주는 대신 늘 곤혹이 따른다. 같은 것이라도 어떤 사람에게는 아첨이 되고 어떤 사람에게는 모욕이 될 수 있다. 후자는 취향의 변화를 대수롭지 않게 여기기 때문이다. 타인의 취향을 알지 못하고 계속 교제하면 상대방을 지루하게 만든다. 때로는 어떤 사람을 기쁘게 해 주려고 든 비용보다 그를 불쾌하게 한 데 따른 희생이 더 크다. 남들이 원하는 것이 뭔지 탐색하기를 게을리하면 그대는 기대했던 감사도, 선물도 잃고 만다. 남의 생각을 아는 것은 그들과 더불어 살아야 하는 인생에서 가장 중요한 일이다. 이를 알지 못하면 상대방을 만족시키기 힘들다. 그래서 질책을 칭찬인 줄 잘못 알고 했다가 혹독한 대가를 받는 사람도 있다. 또 능변으로 남을 즐겁게 해 주려다 험구로 남의 기분을 그르치는 사람도 있다.

165
적당한 때에 간청할 줄 알아라

어떤 사람에게는 그 일처럼 어려운 일이 없고, 어떤 사람에게는 그 일처럼 쉬운 일이 없다. 어떤 사람은 청을 받으면 한 번도 거절할 줄 모른다. 그런 사람에게는 술책을 쓰지 않아도 된다. 그러나 어떤 사람은 청을 들으면 늘 첫 마디가 "아니오."이다. 이런 사람에게는 고도의 술책을 써야 한다. 노력하고 준비해서 적당한 기회를 붙잡아야 한다. 그가 좋은 기분일 때 재빨리 그의 마음을 사로잡아라. 그에게 기쁜 날이면 그의 호의를 기대할 수 있다. 호의는 마음속에서 밖으로 넘쳐흐르는 것이니까. 상대방에게 슬픈 일이 있을 때는 결코 그에게 접근해 간청하지 마라. 또 앞서 다른 사람이 거절당했을 때도 그에게 간청하지 마라. 그대도 같은 거절을 당하게 된다. 처음에 거절하기가 어렵지 두 번째, 세 번째는 훨씬 쉽기 때문이다.

166
먼저 은혜를 베풀어라
그리고 보상은 나중에 받아라

나중에 보답을 받기 위해 미리 호의를 베푸는 것은 현명한
사람들이 종종 쓰는 탁월한 수단이다. 미리 호의를 베풀면
두 가지 큰 장점이 있다. 첫째, 신속하게 베푼 은혜는 받은
사람에게 큰 감사의 마음을 일깨워 더 큰 공적을 쌓을 수 있
다. 또 어차피 나중에 지불할 것을 미리 은혜로 베풀면 이
는 받은 사람에게 마음의 채무가 되어 그의 마음을 구속할
수 있다. 이는 채무를 은혜로 바꾸고, 반대로 채권자를 채
무자로 바꿀 수 있는 훌륭한 방식이다. 하지만 이것도 명예
심 있는 자에게만 가능하다. 비열하고 책임감과 의리 없는
자에게 미리 은혜를 베풀면 이는 과거의 상처가 될 뿐, 미
래를 보고 나아가는 박차(拍車)가 될 수는 없다.

윗사람의 비밀에 끼어들지 마라

세력 있는 자의 신임을 받고자 무조건 덤벼드는 것은 그대에게 치명적일 수 있다. 그런 식으로 얻는 신뢰는 상대방의 호의에서 나오는 것이 아니라, 그의 무관심에서 벗어나려는 그대의 절박한 마음에서 나오는 것이기 때문이다. 사람들은 자기의 내면을 속속들이 파악한 사람을 좋아하지 않는다. 또한 자신의 결점을 본 사람도 좋아하지 않는다. 그러니 세력 있는 사람의 신임을 얻어 그의 핵심으로 다가갈 수 있으리라 믿는 것은 오산이다. 그런 사람은 언젠가는 희생당하기 쉽다. 세력 있는 사람 곁에서 이룬 공적에 대해서는 자랑스러워하되, 그에게서 받은 호의를 자랑해서는 안 된다.

168
자신에게 부족한 성품이 무엇인지 파악하라

어떤 사람은 한두 가지 부족한 성품만 개선하면 능히 훌륭한 일을 해낼 수 있다. 그러지 않고서는 완벽한 경지에 도달할 수 없다. 진로에 방해가 되는 것은 의외로 사소한 것들이다. 어떤 사람은 진지함이 부족하다. 이는 큰 능력을 무색하게 만들 수 있다. 어떤 사람은 친절이 부족하고, 어떤 사람은 행동력이나 절제가 부족하다. 또 어떤 사람은 전문 지식이 부족하다. 누구나 자신을 조금만 돌이켜보면 이런 결점들을 찾아 가볍게 물리칠 수 있다. 타고난 선천적인 것에 주의를 기울이면 거기에서 제2의 천성을 만들어 낼 수 있는 길도 보인다. 신중함, 자제력, 훈련이 그것이다.

169
너무 재치를 부리지 마라

지혜롭고 신중한 것이 더 중요하다. 필요 이상으로 많이 아는 사람은 사물의 본질을 보지 못한다. 지나치게 예리한 칼날은 끊어지기 쉽다. 건전한 인간의 오성을 갖는 것이 더 현명하다. 상식적인 진리가 인생을 사는 데 가장 안전하다. 똑같은 가치를 지닌 사물이 두 개 있으면 그중에서 좀 더 단순한 것을 취하라. 이해력을 갖는 것은 좋으나 수다쟁이가 되지 마라. 장황하고 지나친 표현은 그것만으로도 싸움의 불씨가 된다. 차라리 매사에 필요 이상은 생각하지 않는 선량하고 고지식한 머리가 더 낫다.

170

농담을 받아들일 줄 알라
그러나 농담을 하지는 마라

농담이나 야유에 좋은 얼굴을 보이는 것은 정중하지만, 스스로 농담을 하면 문제를 일으킬 수 있다. 사람들이 모인 흥겨운 자리에서 농담 때문에 기분이 상하는 사람은 야수처럼 보이기 쉽다. 좋은 농담은 여흥의 분위기를 더욱 살리고, 때로는 그 안에 대단한 진실이 숨겨져 있다. 농담을 잘 받아들일 줄 아는 사람은 현명한 사람이다. 그러나 그것에 흥분하는 사람은 다른 사람들도 흥분하게 만들고 만다. 더 나은 것은 타인의 농담을 지나치는 것, 최선책은 그가 한 농담을 알아차리지 못한 척하는 것이다. 대개 심각한 일들은 농담에서 시작하곤 한다. 농담할 때만큼 요령과 주의가 필요한 것이 없다. 농담을 시작하기 전에 그것을 받아들이는 상대방이 이를 견딜 수 있을지 없을지 먼저 알아 봐야 한다.

171

시작한 것은 끝까지 밀고 가라

어떤 사람은 일을 시작할 때 힘을 다 소모하고 끝까지 해내지 못한다. 그들은 고안은 하지만 완성은 못 한다. 그런 사람은 경기를 끝내지 못했으므로 명성과 존경을 얻지 못한다. 이는 변덕스런 사람이다. 무엇을 완성하려면 인내심이 있어야 한다. 끈기 있는 자는 문제를 극복하고, 끈기 없는 자는 문제 때문에 끝장난다. 이들은 어려움을 극복할 때까지 혼신을 다해 일하다가도 일단 성공하고 나면 만족해 일을 끝까지 마치지 못한다. 일을 완성할 수 있을 텐데도 제대로 하려 하지 않는다. 그들은 승리를 집으로 가져가는 방법을 모른다. 이는 능력이 부족해서가 아니라 경솔하기 때문이다. 장점이 보이면 왜 계속 밀고 나가지 않는가? 계속 추구하라. 현명한 사람은 사냥감을 쫓는 데 만족하지 않고 그것을 붙잡아 그 맛을 즐긴다.

172
남에게 그에 맞는 영예를 돌려줘라

어떤 사람은 남에게서 받은 은혜를 바꿔치기 하여 마치 자기가 베푼 은혜처럼 보이게 하는 수완을 갖고 있다. 어떤 사람은 자기가 받은 이익을 마치 남의 이익처럼 보이게 하고, 마치 자기가 남을 위해 봉사한 것처럼 교묘하게 꾸민다. 그들은 또 남이 자기에게 베푼 호의를 남이 자기에게 당연히 줄 의무가 있는 것으로 받아들인다. 찬사와 호의로 남들의 기분을 북돋아 주고 그들에게 책임감을 둘러씌운다. 그리하여 영예와 이익을 함께 얻는다. 그러나 더 훌륭한 수완은 이런 교묘한 술책을 알아차리는 일이다. 그리고 똑같은 방식으로 상대방에게 되갚아 주는 것이다. 그렇게 해서 각자 원래 자기의 몫으로 돌아가게 만든다. 그러나 인생에서 가장 큰 지혜는, 어리석은 거래를 그만두고 각자에게 맞는 영예를 돌려주는 일이다.

173
스스로 판단하지 못하는 사람을 피하라

어떤 사람은 늘 마지막에 들은 것만을 옳다고 간주한다. 이런 사람은 흥분하여 극단적으로 나갈 수 있다. 그런 사람들과는 결코 오래 교제할 수 없다. 그들의 마음을 사도 곧 그대를 떠나기 때문이다. 그들의 감정과 욕구는 왁스와 같아서 맨 마지막에 온 사람이 그 위에 직인을 찍으면 앞서의 직인은 지워지고 만다. 그들은 신뢰할 수도, 함께 동맹을 맺을 수도 없다. 누구나 그들에게 다가가 마음대로 그들의 색깔을 바꿔 놓을 수 있으니까. 그들은 평생 어린아이와 같다. 자신의 의견이 없으니 항상 비판과 사랑, 의지, 소망 사이를 헤맨다.

174
좀 모호한 구석을 지녀라

너무 많은 것을 표현하지 마라. 대부분의 사람들은 자기들이 이해하는 것을 대수롭지 않게 여기고, 이해하지 못하는 것을 숭배한다. 무엇이 소중한 가치를 지니려면 그에 맞는 노력을 기울여야 한다. 잘 이해되지 못하는 자가 유명해진다. 사람은 늘 필요 이상으로 현명하고 영리하게 보여야 한다. 그래야 다른 사람이 주는 평판도 높아진다. 그러나 모호함도 과장해서는 안 되고 적당한 것이 좋다. 통찰력 있는 사람에게는 생각과 이해가 중요하지만, 대개의 사람들에게는 남들에게 자신을 감추는 치장이 필요하다. 깊이 숨겨진 것은 이해하기 전에 경외심을 일으키기 마련이니까. 사람들은 무엇을 칭찬하면서도 왜 칭찬하는지 알지 못한다. 남들이 칭찬하니까 따라서 하기 때문이다.

175
쉽게 절교하지 마라

남과 공개적으로 절교하는 것을 피하라. 한 번의 절교는 우리의 위신에 큰 상처를 입히기 쉽다. 우리에게서 떨어져 나간 친구는 가장 나쁜 적이 될 수 있다. 그는 남의 과실을 사람들에게 보이면서 자신의 과실을 덮으려 하기 때문이다. 그대에게 도움이 될 사람은 적으나, 해가 될 사람은 얼마든지 있다. 한 사람의 적이라도 그대에게는 너무 많은 적이다. 아무리 위대한 사람도 하찮은 사람들에 의해 몰락할 수 있다. 공개적으로 적대를 보이면 보이지 않는 수많은 적들이 이를 이용한다. 누구나 자기가 보고 싶은 대로 보고, 자기에게 보이는 대로 말하기 마련이다. 친구와의 결별을 피할 수 없을 때가 오면 우정이 저절로 서서히 식도록 하라. 이는 서로 분노를 폭발하여 얼굴을 붉히며 매듭짓는 것보다 낫다.

176
어려움을 함께 나눌 사람을 구하라

그러면 위험에 처해도 혼자 있지 않고, 사람들의 증오도 혼자 감당하지 않게 된다. 어떤 사람은 높은 지위에 있을 때 성공과 영예를 혼자서 간직할 수 있을 거라고 생각한다. 그러다가 나중에 실패하면 공적인 불만을 혼자서 몽땅 짊어지는 수가 있다. 그럴 때 곁에서 그의 책임을 용서하거나 비난을 함께 나눠 가지려는 사람은 아무도 없게 된다. 불행을 혼자서만 감당하지 마라. 곁에서 그대의 고통을 함께 나누고 그대의 과오를 용서할 수 있는 동료를 구하라. 가혹한 운명도 매정한 대중도 두 사람을 한꺼번에 공격하기는 쉽지 않다. 성공과 행복, 불행과 무거운 짐을 함께 나눌 동료를 구하라. 불행은 혼자 서 있는 사람을 곱절의 무게로 내리치기 때문이다.

우리가 완전히 남의 것이 아니듯
남도 완전히 우리 것이 아니다

사랑하는 사이든, 친구 간이든, 서로 은혜를 입은 사이든, 빚을 진 사이든 서로를 완전히 소유할 수는 없다. 왜냐하면 완전히 신뢰하는 것과 호의를 보이는 것은 상이한 일이니까. 아무리 가까운 사이라도 같은 의지와 같은 소망을 갖고 있는 경우는 없다. 다정한 친구 사이에도 서로 예외를 인정해야 한다. 그러지 않으면 우정은 금이 가고 만다. 친구도 그만이 간직하는 비밀이 있고, 심지어 아들도 아버지 앞에서 감추는 일이 있다. 어떤 일은 남에게 알리고, 어떤 일은 감춰야 한다. 상대방에 따라서 감출 것과 알릴 것을 구별할 줄 알아야 한다. 사람 사이의 관계는 일방적인 호의나 복종으로 이루어지는 것이 아니라 끊임없이 서로 주고받는 가운데 이루어진다. 그런 대등한 관계에 전제되는 것은 바로 자유 의지이다.

178
잊어버릴 줄 알아야 한다

잊어야 할 일을 잊을 줄 아는 것은 수완이라기보다 행복이다. 사실 가장 잊어버려야 할 일을 우리는 가장 잘 기억한다. 기억은 제멋대로여서 우리가 그것을 가장 필요로 할 때 비열하게 우리를 떠났다가, 그것을 가장 원하지 않을 때 잔인하게 우리에게 다가온다. 기억은 우리를 고통스럽게 하는 일에는 늘 적극적이고, 기쁘게 하는 일에는 태만하다. 종종 고통을 치유하는 최선의 방법은 그것을 잊는 것이다. 그러나 기억을 잘 다스리는 습관을 키워야 한다. 기억은 우리의 인생을 천국으로도 지옥으로도 바꿔 놓을 수 있기 때문이다.

179
하루도 태만하게 보내지 마라

항상 깨어 있어라. 그리고 항상 대비하라. 운명은 장난을 좋아해 모든 일을 우연처럼 무심하게 보이게 하다 갑자기 우리를 급습한다. 우리의 오성, 기지, 용기는 가장 준비가 안 되어 있을 때 갑작스런 운명의 습격에 무너지고 만다. 우리가 신중함과 생각을 게을리할 때 우리의 파멸은 시작될 수 있다. 교활한 의도를 지닌 운명은 우리가 지닌 완벽함조차 그것이 부주의할 때 지체 없이 시험할 생각을 하기 때문이다. 화려한 축제의 날은 누구나 알고 있다. 그래서 운명의 농간은 일부러 이날을 지나친다. 그리고 아무도 예상하지 못한 날을 택해 갑자기 습격한다. 만약 그대가 평소 태만하지 않고 대비하였으면 운명의 시험대 위에 올려져도 그대의 태도는 변하지 않게 된다.

180
너무 마음이 좋아 둔감한 사람이 되지 마라

어떤 일에도 결코 화를 내지 않는 사람이 있다. 어떤 것에도 동요되지 않으면 아무리 선량한 마음을 지닌 사람이라도 비인간적으로 보인다. 무감각과 무관심은 태만에서 나오는 것이 아니고 때로는 무능력에서 나온다. 가만히 서 있는 허수아비는 새 떼에게 조롱을 받는다. 적당한 때에 반응을 보여 자신을 방어하고, 자기 의견을 말하고, 화를 낼 줄 알아야 한다. 이것이 바로 자신을 적절하게 드러내는 방식이다. 인생은 변화가 있어야 한다. 단것과 쓴것을 잘 섞을 줄 아는 것이 인생을 풍요롭게 살아가는 좋은 취향이다. 달콤한 것은 어린아이들과 바보들한테만 맞는 것이다. 너무 마음만 좋아서 좋고 나쁜 것을 구분하는 감정이 없어지면 그대에게는 결국 그 책임을 지게 될 날이 온다.

181
비단 같은 말, 친절하고 다정한 태도

날카로운 화살은 몸을 찌르고 악의에 찬 말은 마음을 찌른다. 말의 힘은 대단하다. 천 냥 빚도 말로 갚을 수 있고, 불가능한 것도 말로 해결할 수 있다. 말 한마디로 사람을 죽일 수도 있다. 언제나 입에 꿀을 바르고 달콤한 말을 만들어 내라. 그대의 적에게조차 달콤하게 들리도록. 남의 호감을 사는 중요한 방법은 평화적이고 친절하고 긍정적인 자세로 그들과 대화하고 교류하는 것이다. 다정하게 활짝 웃는 얼굴만으로도 벌써 자신에 대해 상대방에게 많은 것을 말할 수 있다.

182
바보가 마지막에 하는 일을
지혜로운 자는 처음에 한다

둘 다 같은 일을 해도 하는 때가 서로 다르다. 한쪽이 제때에 하지 않는 일을 다른 한쪽은 제때에 할 뿐이다. 한 번 판단력이 뒤틀린 사람은 매번 일을 뒤바꿔 하며 끝까지 시행착오를 반복한다. 머리로 해야 할 일을 발로 하고, 오른쪽으로 가야 할 일을 왼쪽으로 가게 한다. 그의 모든 행동은 미숙하다. 그의 판단력을 올바르게 돌려놓는 유일한 방법은, 그가 언젠가는 끝내야 할 일을 앞서 하도록 강요하는 것이다. 그리하여 그가 자발적으로 그 일을 마치고 명예를 얻도록 돕는 길이다.

183
자신이 지니고 있는 새로운 면을 이용하라

새롭고 참신한 것을 지니고 있는 사람은 두 가지 장점을 지
닌다. 하나는 다른 사람에게서 좋은 평을 듣는 일이다. 새
로운 것은 평범하지 않으므로 사람들의 마음을 기쁘게 한
다. 기존의 뛰어난 것보다 특출하지 않아도 새롭기 때문에
취향이 상쾌해지고 활기를 띤다. 또 하나, 새로운 것은 처
음에는 과감히 나서거나 실수해도 용서를 받는다. 그러나
새로운 것의 광휘는 그 수명이 짧다는 것을 알아라. 이삼 일
후면 이미 그들의 존경심은 사라지고, 나흘째가 되면 그대
에게서 또 다른 새로운 것을 요구한다. 그러니 처음 거둔 찬
사의 열매를 아무렇게나 내동댕이치지 말고 잘 이용하라.
그 바람 같은 찬사가 사라지기 전에 재빨리 그대가 노리는
것을 붙들어라. 명심하라, 매사에는 때가 있다는 것을. 그
리고 그 때도 순식간에 사라진다는 사실을.

184
많은 사람의 마음에 드는 것을
쉽게 비난하지 마라

대중의 취향을 진지하게 여겨라. 좋은 것은 여러 사람의 마음에 드는 것이다. 그 이유가 뭔지는 몰라도 사람들은 이를 즐긴다. 대중에게서 홀로 떨어져 있는 사람은 늘 의심스럽고 우스꽝스럽다. 남들에게 미움받기 쉽다. 홀로 남들을 비난하는 사람의 행동은 그가 비난하는 대상을 해치는 것이 아니라, 자신의 판단에 대해 사람들의 의심을 산다. 그런 사람은 자기의 나쁜 취향에 빠진 채 고립되고 만다. 나쁜 취향은 대개 무지(無知)에서 나온다. 좋은 것을 찾아낼 수 없는 사람은 자신의 무능력을 감추고 사물을 무조건 비난하지 마라. 차라리 침묵하라. 모든 사람들이 말하는 것은 사람들이 말하는 그대로 가치를 띠고 있거나, 아니면 그렇게 되기를 사람들이 바라는 것이기 때문이다.

185
잘 모르면 언제나 가장 안전한 것을 붙들어라

그리하면 예리하고 탁월하다는 평판은 아니더라도 안전하고 철저하다는 평판은 얻을 수 있다. 어느 분야의 전문가는 과감히 시도할 수 있다. 위험이 뭔지를 알기 때문이다. 반면에 잘 모르면서 위험을 감행하는 것은 스스로 파멸의 길을 찾는 것이 된다. 이미 알려진 것, 인정받는 것을 붙들어라. 이미 앞서 남들이 갔던 길은 안전하다. 잘 알건 모르건 항상 안전한 것이 특수한 것보다 낫다. 그러나 그 선택은 그대를 최상의 길로 인도하지는 않는다.

186
그대가 지닌 것을 관대하게 베풀어라

그러면 그대는 남으로부터 많은 감사를 얻을 수 있다. 관대한 것이 이기적인 것보다 더 많은 이익을 가져온다. 사람은 그냥 호의를 표시하는 것이 아니라 남에게 감사의 의무를 지우게 된다. 관대한 호의로 가장 큰 은혜를 베풀 수 있다. 정직한 사람에게는 남이 그에게 선사하는 것보다 더 값비싼 것이 없다. 그대가 호의로 준 것으로 그대는 두 가지를 동시에 판 셈이 된다. 하나는 그대가 준 물건의 가치요, 다른 하나는 관대함이다. 상대방은 나중에 그 두 가지를 함께 지불한다. 그러나 생각이 비천한 사람에게 관대한 은혜는 헛소리에 불과하다. 그는 은혜라는 언어를 알아듣지 못하기 때문이다.

187
그대와 관계하는 사람들의 마음을
항상 파악하라

그래야 그들의 의도를 캘 수 있다. 원인과 동기를 제대로 알면 결과도 미리 예상할 수 있으니까. 심성이 우울한 사람은 늘 불행한 사건을 예감하고, 사악한 사람은 늘 범죄를 예감한다. 열정적인 사람은 늘 사물의 본질에서 동떨어진, 알아들을 수 없는 말만 한다. 이는 그의 열정에서 나오지 오성에서 우러나오는 말이 아니기 때문이다. 다른 사람이 말을 하지 않더라도 그들의 신체 언어, 특히 얼굴 표정의 변화를 읽으면 그들의 기분과 마음속을 읽어 낼 수 있다. 늘 웃는 사람은 바보요, 전혀 웃지 않는 사람은 위선자임을 알아라. 늘 묻는 사람도 조심하라. 그는 경솔한 사람이 아니면 염탐꾼이다. 외모가 볼품없는 사람에게도 기대를 하지 마라. 이런 사람은 대개 마음속이 증오심으로 차 있다. 또 외모가 아름다운 사람도 조심하라. 아름다운 사람은 대개 어리석기 때문이다.

188
매력을 지녀라

매력은 대단한 마력과 같다. 사람의 마음을 끄는 이 힘을 지
니고 있으면 어디서든 모든 일이 쉬워진다. 매력을 지니면
처음에는 남의 호감을 얻고 뒤이어 이익도 얻을 수 있다.
어디서든 자신이 지닌 매력의 힘을 이용하라. 자신의 업적
을 증명할 수 있어도 남들의 호감이 따르지 않으면 성공에
도달할 수 없다. 오직 사람들의 호감만이 그대에게 찬사를
보내기 때문이다. 누구에게나 천성적으로 타고난 매력이
있다. 매력은 남을 지배할 수 있는 효과적 도구이며, 이는
인위적으로 더 멋있게 가꿀 수 있다. 그러나 결국 자신의
매력을 성공적으로 사용하는 일에도 행운이 따라야 한다.

189
품위에 지장이 없는 한 동조하라

때로는 가볍게 행동하라. 그러나 경솔하지는 마라. 자신을 늘 대단하게 여기면서 남들에게 일부러 적대할 필요는 없다. 일반의 호감을 사기 위해 자신의 위엄을 약간 낮춰도 지장 없다. 늘 심각한 얼굴을 하지는 마라. 이따금 흥겨운 사람들이 있는 자리에 끼어라. 대부분 사람들이 마음에 들어하는 것을 좋아해라. 그렇다고 품위를 잃으면 안 된다. 품위를 잃으면 공개적으로 바보 취급을 받기 쉽다. 경솔한 태도 때문에 오랫동안 진지하게 애써 모은 것을 하루아침에 모두 잃어버릴 수 있기 때문이다. 그러나 자신을 늘 고립시키지는 마라. 행동이 괴짜인 사람은 남들을 모두 비난한다. 또 너무 진지한 체하지 마라. 종교적인 진지함조차도 역겹고 우스울 때가 있다. 자신을 인간적으로 보일 때만큼 남들에게서 인간적으로 호감을 얻는 때는 없다.

190
자연적으로, 또 인위적으로
정신을 새롭게 하라

사람의 심성은 칠 년마다 변한다고 한다. 그러니 자신의 취향을 개선하고 더 고상하게 가꾸어라. 처음 태어나 칠 년이 지나면 사람의 정신에는 분별력이 들어선다. 그리고 나서 매번 칠 년이 지날 때마다 새로이 완성된 성품이 들어선다. 이 자연적인 변화를 주시하고 이를 힘써 도와주라. 그대의 인생을 나이에 맞추어 살아가라. 나이와 더불어 성품도, 취향도, 직업도, 우정도 서서히 바뀌어 간다. 자신은 깨닫지 못해도 남들이 그것을 일깨워 준다. 이십 세에 이르면 사람은 공작이요, 삼십 세에는 사자요, 사십 세에는 낙타이고, 오십 세에는 뱀이, 육십 세에는 개가, 칠십 세에는 원숭이가 된다. 팔십 세가 되면 아무것도 아니다.

191
의심스러운 때일수록 정직하게 행동하라

이 세상에 올바르고 성실한 거래는 이제 끝났고, 진실은 거짓으로 간주된다. 좋은 친구는 적고, 최고의 봉사를 하고서도 최저의 대가밖에 받지 못한다. 이것이 오늘날 세상의 관습이다. 지금은 모든 나라들이 사악한 거래를 하는 데 혈안이 되어 있다. 어떤 민족은 배신을, 어떤 민족은 계약 위반을, 어떤 민족은 밀거래를 하는 데 조금도 주저하지 않는다. 그들은 서로를 죽이고, 인간은 짐승이 되어 간다. 이런 나라들의 그릇된 행동이 우리에게 선례가 되어서는 안 되고 경고의 표식이 되어야 한다. 그런 비열하고 사악한 일들을 보노라면 우리의 정직성이 흔들릴 위험도 있다. 그러나 건실하고 지혜로운 사람은 남들이 어떤 사람인가보다 자신이 본래 누구인가를 잊어서는 안 된다. 인간에게서 가장 절망스러운 것을 보더라도, 자신의 최후의 보루인 정직성을 잃지 않을 때 비로소 인간성을 지킬 수 있다.

192
지혜로운 사람의 호의를 사라

뛰어난 사람의 미지근한 승낙이 일반 대중의 찬사보다 낫
다. 지혜로운 사람이 하는 말은 통찰에서 나온 것이니, 그
가 하는 칭찬은 그 근원이 더 확실하고 더 만족스러우며 더
오래 지속된다. 단지 대중들의 숨결로 자신의 배를 채우려
하는 사람이 있다. 그러나 이런 대중의 찬사는 곧 흩어져
자취도 없이 사라진다. 예로부터 위대한 사람들도 언제나
지혜로운 사람이 필요했다. 그들은 지혜로운 사람의 펜을,
여자들이 자신의 모습을 그릴 화가의 붓을 두려워하는 것
보다 더 두려워하였다.

193
부재(不在)함으로써 자신의 평판을 유지하라

거리를 두어 그대의 명성을 더 높여라. 아무리 유명한 것도 늘 그 자리에 있으면 명성이 줄고, 그 자리에 없으면 명성이 늘게 된다. 자리에 없을 때 사자처럼 평판이 높던 사람이 자리에 있으면 개 꼬리 정도로 취급당하는 수도 있다. 탁월한 인물도 사람들과 늘 접촉하면 평범한 사람이 되고 만다. 가까이 있으면 내면의 참된 위대함보다 외면의 모습을 더 많이 보이기 때문이다. 사람들의 평판은 실제 얼굴을 대할 때보다 상상력에 의해 좌우된다. 그래서 사람들은 귀로 들었을 때 쉽게 착각하지만 눈으로 보았을 때 비로소 바로 본다. 자신의 좋은 평판을 계속 유지하려면 이따금 사람들의 눈에서 멀어지는 것이 좋다. 불사조도 사람들의 새로운 열망을 불러오기 위해 이따금 자취를 감춘다.

194
주제넘게 나서지 마라

아무 일에나 끼어들면 무시당하고 상처받는다. 남들의 존경을 받고 싶으면 스스로를 존중하라. 아무 장소에나 나타나지 말고 뒤로 물러서 있어라. 남들이 원할 때 가라. 그래야 도착했을 때 환영을 받을 수 있다. 남들이 부르지 않았을 때 가지 마라. 그러면 그들의 짐이 되어 환송도 받지 못하고 떠나야 할 것이다. 남들이 부탁하지 않았는데 자발적으로 무슨 일을 감행하는 사람은 그 일이 잘못될 경우 모든 비난을 떠맡는다. 그리고 일이 잘 되더라도 아무도 그에게 고마워하지 않는다. 자기 일에 상관하지 않고 남의 일에 상관하는 사람은 비난의 표적이 된다. 또 남의 일에 수치심도 없이 뛰어들었기 때문에 수치심을 안고 쫓겨나게 된다.

195
누구에게 어떤 것도 신세지지 마라

만일 남에게 무엇을 신세지면 자신을 노예로, 그것도 모든
사람들의 노예로 만들고 만다. 어떤 사람은 태어나면서부
터 남보다 많은 재산을 지니고, 어떤 사람은 태어나면서부
터 줄곧 남의 신세를 진다. 많이 소유한 사람은 남에게 주
기 쉽고, 없는 사람은 남에게서 받기 쉽다. 재산과 영향력
을 지닌 사람이 보여 줄 수 있는 최고의 장점은 남에게 좋
은 일을 하는 데 있다. 그러나 남의 선물보다 자유가 훨씬
값진 것이니 이를 더 소중히 여겨야 한다. 많은 사람을 자
기에게 의탁하게 만들기보다는 자기가 아무에게도 의지하
지 않도록 하라. 특히 자기가 받은 친절을 꼭 호의로만 받
아들이지 마라. 이는 그대를 예속시키려는 타인의 의도적
인 계략일 수도 있다.

196
흥분 상태에서 행동하지 마라

열정과 흥분에 휩싸여 행동하고 결정하면 모든 것을 망칠
지 모른다. 자신을 다스리지 못하는 사람은 자신을 위해 행
동할 수 없다. 흥분은 항상 이성을 무력하게 만든다. 흥분
에 빠졌을 때는 자신을 위해서 이성적이고 침착하고 객관
적인 중개자를 내세워라. 연극에서도 관객은 침착하고 객
관적이기 때문에 연기자보다 더 많은 것을 볼 수 있다. 스
스로 흥분에 빠진 것을 알아차렸을 때는 재빨리 뒤로 한 발
물러서라. 들끓는 피를 식혀라. 한순간의 분노와 흥분에 휩
싸인 무분별한 상태가 그대의 평생을 후회와 고통의 세월
로 만들 수 있으니까.

197
기회에 맞춰 살아라

우리는 생각도 행동도 현실적으로 상황에 맞아야 한다. 그러니 오직 가능한 것만을 바라보아라. 그리고 할 수 있을 때 추구하라. 시간과 기회는 항상 우리를 기다려 주지 않는다. 인생을 미리 만들어 놓은 법칙대로만 살아가지 마라. 그것이 숭고한 미덕이 아니라면. 또 자신의 의지를 고정된 상황에만 맞추려 하지 마라. 인생을 살다 보면 상황은 늘 바뀌기 마련이다. 현명한 사람은 바람의 방향에 맞춰 배의 키와 돛을 수시로 바꾸면서도 멀리 있는 자신의 목적지에서 결코 눈을 떼지 않는다.

198
인간은 스스로 약한 인간으로 보일 때
그 가치를 잃는다

아무리 탁월한 사람이라도 그가 보통 사람들과 같다는 것을 다른 사람들에게 보이면 그에 대한 신격화(神格化)는 사라지고 만다. 아무리 대단한 세력과 위엄을 지닌 사람도 인간적인 약점을 보였을 때는 하루아침에 천상에서 인간의 세계로 내동댕이쳐진다. 가장 평판을 해치는 것은 경솔함이다. 뒤로 신중하게 물러서 있는 사람이 늘 인간 이상의 탁월한 인물로 대우받는다면, 경솔하게 앞으로 나서 약점을 보이는 사람은 늘 인간 이하의 속물로 경멸당한다.

199
남들의 존경과 사랑을 함께 받기는 어렵다

만약 사람들의 존경을 받고 싶으면 그들에게서 사랑을 받으려고 해서는 안 된다. 사랑은 증오보다 더 까다로운 것이기 때문이다. 존경과 사랑은 서로 결합되기 힘들다. 너무 두려운 존재가 되어서도 안 되지만 지나치게 사랑을 받는 것도 좋지 않다. 사랑을 하면 신뢰하게 되고, 한 걸음 더 신뢰할 때마다 존경심은 한 걸음 더 후퇴한다. 차라리 사람들에게서 존경을 받는 것이 그들의 헌신적인 사랑을 받는 것보다 낫다.

200
그렇게 하는 척하지 말고 실제로 그렇게 하라

많은 사람들은 자신이 마치 중요한 일을 하고 있는 것처럼 내세운다. 그런 사람들은 매사를 아주 어리석은 방법으로, 마치 신비로운 일인 양 꾸미고 아무 이유 없이 진지한 표정만 앞세운다. 이야말로 웃기는 일이다. 그들은 찬사를 원하지만 돌아오는 것은 조소일 뿐이다. 허영과 기만은 언제 어디서나 역겹다. 사람은 자신이 지닌 장점을 결코 함부로 내세워서는 안 된다. 조용히 행동으로 보여 주고 남들로 하여금 그에 대해 이야기하도록 내버려 두라. 영웅처럼 보이려 하지 말고 정말 영웅이 되려고 노력하라. 그대가 실제로 업적을 보여 주면 그 명성은 아주 오래간다.

201
언제나 남들이 보는 데서 행동하듯이 하라

남이 자신을 쳐다보고 있다고 생각하는 사람은 사려 깊은 사람이다. 그는 사방 벽에도 눈이 달려 있어서 나쁜 행동은 언제라도 폭로될 위험이 있다는 것을 안다. 혼자 있을 때도 마치 온 세상이 자기를 주시하고 있는 듯이 행동한다. 어차피 모든 사실을 뒤에 세상이 다 알게 마련이라면, 현명한 사람은 지금 세상 사람들 앞에 자신의 행동을 보여 그들을 자신을 위한 증인으로 삼는다. 만약 세상 사람들이 다 보지 못하더라도 가까운 이웃은 그 행동을 보고 계속 소문을 퍼뜨릴 것이기 때문이다.

202
허기와 갈증을 다 채우지 마라

달콤한 감로주의 술잔일지라도 다 마시지 말고 입술에서 떼어야 그 맛이 남는다. 욕구야말로 사람에게 소중한 가치의 척도가 되기 때문이다. 넘치는 것은 그 가치가 떨어진다. 갈증이 나면 이를 가라앉히되 완전히 풀어서는 안 된다. 좋은 것은 양이 적을수록 그 값어치는 배가 된다. 누구의 마음에 들려면 그의 구미에 갈증을 돋우는 것이 상책이다. 즐거움도 지나치면 해가 되고, 아름다움과 최상의 것도 지나치면 역겨워진다. 남에게 한꺼번에 다 만족을 주지 않으려면 그에게 지나치게 맛을 보이기보다 맛을 덜 보이는 편이 낫다. 그리하면 그는 나중에 힘들여 얻은 행운을 곱절로 즐길 수 있다. 언제나 힘들게 싸워 얻은 성공이 두 배의 기쁨을 가져다주니까.